电子信息工程在城建档案管理工作中的应用和创新

杨 丽◎著

山西出版传媒集团　山西人民出版社

图书在版编目（CIP）数据

电子信息工程在城建档案管理工作中的应用和创新/
杨丽著.－－太原:山西人民出版社,2023.6
ISBN 978-7-203-12943-1

1.①电.. 1.①杨..川.①电子信息—信息工程应用–
城市建设–档案管理–研究 I.①G2032G275.9

中国国家版本馆CIP数据核字(2023)第111904号

电子信息工程在城建档案管理工作中的应用和创新

著　　者: 杨　丽
责任编辑: 贾　娟
复　　审: 李　鑫
终　　审: 梁晋华
装帧设计: 博健文化

出 版 社: 山西出版传媒集团·山西人民出版社
地　　址: 太原市建设南路 21 号
邮　　编: 030012
发行营销: 0351-4922220　4955996　4956039　4922127（传真）
天猫官网: http：//sxrmcbs.tmall.com　电话：0351-4922159
E－mail: sxskcb@163.com　发行部
　　　　　　sxskcb@126.com　总编室
网　　址: www.sxskcb.com

经 销 者: 山西出版传媒集团·山西人民出版社
承 印 厂: 廊坊市源鹏印务有限公司
开　　本: 787mm×1092mm　　1/16
印　　张: 13.75
字　　数: 270
版　　次: 2024 年 6 月　第 1 版
印　　次: 2024 年 6 月　第 1 次印刷
书　　号: ISBN 978-7-203-12943-1
定　　价: 88.00 元

如有印装质量问题请与本社联系调换

前 言

电子信息科学技术是信息科学技术中的主要内容，它代表了当今社会最具潜力的新的生产力。电子信息科学技术是指研究信息的获取、传输、处理、存储和应用的科学技术，它是以微电子和光电子技术为基础，以计算机技术为手段，以电子信息系统、通信系统和控制系统为主的一门综合性的技术。社会的进步和科学技术的快速发展推动了电子信息技术的发展，在这种情况下，不论是人们的生活还是企业的工作都发生了很大的变化。在工程项目中，也逐渐加强了对电子信息技术的应用，加强了工程档案管理工作，有效解决了传统档案管理中存在的问题，使管理工作更加合理。

城建档案管理现代化主要是管理工作和管理方法的现代化。我国城建档案管理现代化要适应社会主义城市建设现代化对城建档案事业的要求，逐步采用先进的科学技术、管理方法和现代化设备，提高效率与质量。随着办公自动化的发展和迅速普及，机读文件、录音、录像材料等新型载体的城建档案大量产生。因其不同于传统的纸质文件材料的特性及使用方法，因此，在城建档案工作中应针对新情况，分析研究新的档案载体，管理和利用好各种载体形式的城建档案，实现城建档案载体的现代化和新型载体的现代化管理。

本书从电子信息科学与技术导论入手，对计算机网络与通信技术、数字技术以及信号与信息处理技术原理进行了分析研究；另外，对城市建设、城建档案及城建档案的管理做了一定的介绍；还对城建声像档案、城建电子文件与电子档案管理及电子信息工程在城建档案管理工作中的应用做了简要分析，旨在摸索出一条适合电子信息工程及城建档案管理工作创新的科学道路，帮助其工作者在应用中少走弯路，运用科学的方法，提高工作效率。

由于撰写时间仓促，加之作者水平有限，书中难免存在缺点和疏漏之处，希望读者能够对本书存在的缺点和错误提出批评和意见，以待进一步修改，使之更加完善。

目录

第一章 电子信息科学与技术导论

第一节 信息化社会与互联网时代

一、信息化社会的特征

信息化社会即信息社会，是以信息技术为基础、以信息化产业为支柱、以信息产品高度发达为标志的社会。

在农业社会和工业社会中，材料和能源是主要资源，社会的主要职能是组织大规模的物质生产；在信息社会中，信息技术已经改变了传统的工农业生产活动方式，开发和利用信息资源的社会信息经济活动不断扩大，促进了生产过程的信息化，使信息化生产成为国民经济活动的主要内容，也使信息成为与材料和能源同等重要的资源。

在信息化社会中，建立了各类信息数据库和信息网络，使信息四通八达，在社会的政治、经济、文化、教育活动中，广泛采用信息网络，实现了社会的高度文明与进步；工业生产、农业生产、城市管理、医疗卫生、交通运输、物流和社区都实现了信息化管理，进入了信息化工业、智慧农业、智慧城市、智慧医疗、智能交通、智慧物流和信息化社区的信息化时代。信息网络深入到了社会活动的各个方面，包括每一个家庭。

在信息化社会中，产生了以计算机为代表的智能化生产工具，具备了与智能化工具相适应的生产力。智能化生产工具与过去的自动化生产工具的不同之处在于它不是一个孤立分散的自动控制系统，而是一个具有庞大规模的、有组织的信息化生产网络体系，或者称之为大数据构成的网络体系。

信息化社会将改变人们的生产方式、生活方式、工作方式、学习方式、交往方式、战争方式、思维方式等，将使人类社会发生极其深刻的变化。人们为了适应信息化社会的生活、工作和学习，必须有使用日常电子信息设备来获取相关信息和知识的基本能力，即必须了解信息技术，因此必须高度普及基础信息技术知识及其应用，这也要求人们具备与信息化社会相适应的文化知识水平。

二、信息化社会产生的背景

人类科学技术进步的历史可以总结为三次"工业革命"。

第一次工业革命发生在 18 世纪 60 年代，其标志是蒸汽机的发明和使用。从此人类进入了工业化大生产时代。

第二次工业革命发生在 19 世纪 70 年代，其标志是电灯（电力）的发明和使用，之后发明了电话等。电力的使用使得工业生产效率空前提高，从此人类进入了电气化时代。

第三次工业革命开始于 20 世纪 50 年代，其标志是电子计算机的发明和应用。随后又发明了互联网，从此人类社会开始进入信息化时代。

第三次工业革命相对于前两次工业革命的不同之处在于科学技术对生产力的推动作用更加显著、广泛和深入，产生了人工智能、机器智能，出现了云计算和大数据应用，催生了一批新的产业，如集成电路（微电子）、计算机（电脑）、原子能、光电子、航空航天和生物工程等。此外，信息技术还可以应用到各工业领域，如电力、交通、石油、煤炭、钢铁、汽车等。由于信息技术对人类社会和传统产业的深远影响，因而又称第三次工业革命为信息化革命。当前我们正处在信息化革命的进程中，特别是自 20 世纪 90 年代以来，这一信息化革命的进程在逐步加速。

信息化依赖于发达的电子信息技术手段，计算机（硬件和软件）是信息处理技术的核心，而计算机的核心又是集成电路，独立的计算机并不能实现信息化，而是必须有互联网的普及和应用才能发挥信息的作用，使其深入到社会管理、教育、医疗等各个应用领域。要组成信息网络又必须依赖通信技术，包括有线通信和无线通信。因而信息技术的综合平衡发展才能实现社会的深刻变革，使人类步入信息化社会。

要特别指出的是：移动通信技术的发展和普及大大加快了社会信息化的进程，尤其是未来移动通信与互联网的融合和宽带无线接入与互联网的融合，将使人们获取信息、交换信息、生活、工作变得前所未有的方便、快捷。

物联网的发展应用将加快社会的信息化进程。科学技术是第一生产力，信息技术是推动人类社会进入信息化社会的基础推动力。

三、信息化社会的实现途径

互联网的普及和应用改变了世界，使它成为影响社会进步的最重要的基础设施之一。铁路、公路是货物流通的基础设施，而互联网则是信息流通的基础设施。没有物资流通的社会，只能停留在小农经济时期，没有互联网的社会，则只能停留在工业化时期。因此，互联网将社会推进到了一个新的时代。

互联网是一张覆盖全球，像渔网一样的信息网络，它没有"中心"，它是由无数的"信息节点"纵横相连而成。节点之间是平等的。节点可以是接入网络的数据库，可以是连接网络的计算机、信息中心或服务器。每一个节点都可以从互联网中获取信息，也可以向网络传送信息，这是对传统网络的革命性颠覆。

传统网络是中心结构，如报纸统一发行、电视统一放送、电话由电信局集中转接等。互联网彻底改变了这种"中心"模式，新闻、视频、电话都可以不通过以前的中心，每一个节点（计算机、手机或其他信息终端）都可以成为网络中的一个信息节点，都可以向网络发送信息和获得信息。

信息是如此畅通！然而，互联网对社会的影响还远不止这些。随着信息科学技术的发展进步，在互联网平台上创新的应用技术也越来越多，人类利用互联网实现信息化社会的途径也呈现得越来越清晰。

进入 21 世纪，在互联网平台上创造出的社会信息化的众多新发明中，影响甚巨的是：即时通信、云计算、大数据和物联网等。

即时通信是以交互方式将语言、文字、图像或视频，在互联网上传送给对方的一种通信方式，QQ、微信等应用软件是其中的代表。

云计算是利用互联网，将用户提出的庞大的计算处理程序，自动分拆成无数个较小的子程序，再交由多台网络计算服务器分别完成资料搜寻、计算分析，之后，将计算和处理结果回传给用户的一种网络计算机系统。云计算可以达到和"超级计算机"同等强大的效能，这是基于互联网的一种创新的网络计算机模型。

大数据是指所涉及资料量的规模巨大到无法通过目前的主流软件工具，

在合理时间内达到撷取、管理、处理，并整理成为帮助企业经营、决策、分析或预测的资讯。利用大数据还可以实现机器智能，制造出最好的"专科医生"、智能医疗手术机、优秀律师等。大数据的应用还处在发展中。大数据的特点是：大量、高速、多样、真实。

物联网是建立在互联网基础上的、物物相联的网络，物联网可以使得任何物品与物品之间进行信息交换。这对于工业、农业、医疗、交通、物流和推进社会信息化的影响必将是巨大的，它将实现人与物、物与物相联，使人和物都处在世界信息的海洋之中。

互联网打开了人类通往信息化社会的大门，开辟了人类通向信息化社会的途径，它对社会进步的影响将不亚于 18 世纪 60 年代蒸汽机的发明。随着信息技术和互联网的进一步发展，人类正在一步一步向信息化社会迈进。

第二节 信息科学技术的基本概念

一、信息

信息一词早期的含义基本上等同于消息，但到了 20 世纪 50 年代，信息与消息的含义逐渐有了区别，出现了"信息论"。到了 20 世纪末，由于微电子技术、计算机技术的发展，使移动通信和互联网得到普及，相应的我们的时代也由工业化时代进入信息化时代。那么，什么是信息呢？对"信息"一词有多种不同约束条件下给出的定义，但一般来说，信息是事物运动的状态与方式。在这里，"事物"泛指一切可能的观察对象，包括外部的物质世界，也包括人们的精神世界；"运动"泛指一切意义上的变化，包括自然的、社会的和人类思维的等；"状态"是指运动的表征和形态，包括声、光、电等形式；"方式"是指运动的过程和规律。因此，可以说信息是人类社会、宇宙和大自然中一切事物运动变化的表征。由于人类社会、宇宙和大自然是不断运动变化的，因而它们在不断发出信息。相反，如果事物死亡了，或者说运动终止了，那么也就不再产生信息了。

可以说，一切生物都需要通过获取信息才能生存，人类正是通过获取自然界的信息来了解自然、认识自然的；通过获取人类社会各方面的信息来了解社会、认识社会的；并通过交换彼此获得的信息来促进人类科学技术的不断发展和社会的不断进步。因此信息是知识，是资源，也是财富。当代社会将信息、材料和能源并列，称之为社会的三大支柱。

二、信息技术

信息技术是人类实现社会信息化的手段和方法。

当然，也可以从信息的表现形式的角度去定义信息技术。因为不论何种信息，要描述它都需通过语言、文字、数据或图像反映出来，因而信息与语言、文字、数据和图像密不可分，因此在一定程度上又可以说，信息技术是关于语言、文字、数据和图像的技术。

人类的信息技术是随着科学技术的发展而不断进步的，电子信息技术极大地丰富了人类的信息化手段和方法，深化了人们对自然界事物运动变化现象和规律的了解。

信息是客观存在的，并不以人的意志为转移。但限于科学技术的发展水平、经验与研究的不充分，人类现在对很多自然现象还不了解，甚至并未感知到它的存在，有的虽然已感知到它的存在，但不知其所以然，因而无法描述它。对于自然界的这类未知事物，它们还未进入人类的认知体系，也不能用信息技术方法描述它们，因而也未能带给人们信息。

人类能不断获得自然界的信息，丰富人类的知识的前提是不断发展人类的信息技术，使信息畅通，这样才能将信息转化为人类的共同资源和财富。考察人类的发展历史，可以说人类社会的进步即是信息技术的进步。人类由动物进化而来，首先创造了语言。动物可能也有"语言"，但是动物的语言远没有人类的语言复杂、完美。有了语言才可以彼此交流、沟通，交换各自得到的信息。后来又创造了文字，可以记录语言和其他信息规律，进而产生了印刷术，有了出版物和图书馆，使得人类的知识可以长期保存并传承下来。到了 1839 年，法国人达盖尔发明了银板照相机，使用感光材料解决了显影、定影的技术问题，可以成功地记录图像，使信息技术又向前跨进了一大步。至此，可用作信息载体的信息的物理形态——语言、文字和图像都已基本完善。然而，人类如何有效利用语言、文字和图像这些信息载体，也反映了社会文明的进步程度。

语言在人类社会的信息交流中使用最频繁，也最便利，人们对于语音的研究也最早。1876 年贝尔发明了有线电话，可以使语言信息交流漂洋过海而不受距离的限制，因而电话是信息技术的最重大的发明。贝尔发明的第一部电话远没有今天的电话先进，当时还没有电子技术，利用的是基本的电工原理。

除了语言之外，其次是图像。1938 年黑白电视广播商用，可以使图像通达千家万户。上面提到的这些技术伴随着世界工业革命而诞生，同时也大大加快了工业革命的进程。人们无法想象，如果生活在 20 世纪初的人们没有电话，他们的工业化大生产会如何进行。今天如果没有电视，我们可能无法了解到世界当天发生的事情。

上面说的电话、电视都与电有关。然而，信息技术也可以是非电的，例如机械的、光的等。爱迪生于 1877 年发明的留声机利用的就是记录声音产生机械振动波形的原理，他并未用到电。

关于文字记录的技术也一直在发展，汉字已有几千年的发展史，我国是最早使用活字印刷术的国家，也是第一个采用数字激光照排印刷技术的国家。我国的数字激光照排技术一直走在世界前列。新闻出版技术也属于信息技术的范畴。因而信息技术有广泛的含义。

然而，信息技术的高速发展是在 20 世纪 90 年代之后，以互联网、移动通信为代表的信息网络技术的成熟和普及，改变了全球经济社会发展的格局，促进了社会的信息化变革；由于计算机进入生产过程控制，产生了智能化的生产工具。进入 21 世纪，信息化对经济社会发展的影响更加深刻，广泛应用、高度渗透的信息技术正孕育着新的重大突破。信息资源日益成为重要的生产要素、无形资产和社会财富。信息技术是当代社会最具潜力的新生产力。信息化水平已成为衡量一个国家现代化水平和综合国力的重要标志。

信息技术有极广的内涵，印刷术、语言学和照相术都可归纳其中，但是促使当代社会产生深刻变革的是电子信息技术。如果考察当代电子信息技术，则应包括通信、自动控制、计算机、传感器、微电子、光电子、信息显示、信息存储、仪器仪表、信息安全和信息服务等，而互联网则是多项现代信息技术的集成。未来的信息技术则可能包括量子信息技术和纳米信息技术等。

三、信息科学

"科学"一词，我们天天都在使用，然而对何谓"科学"尚无一个公认的定义，不同的国家，不同的学者，不同的时期，可能对"科学"一词会有不同的定义。一般来说，科学是运用范畴、定律等思维形式反映现实世界各种现象本质的规律的知识体系。按研究对象的不同，可分为自然科学、社会科学和思维科学，以及总括和贯穿三个领域的哲学和数学。按与实践的不同联系，可分为理论科学、技术科学、应用科学等。科学来源于社会实践，服务于社会实践。它是一种在历史上起推动作用的力量。在现代，科学技术是第一生产力，科学的发展和作用受社会条件的制约。现代科学正沿着高度分化和高度结合的整体方向蓬勃发展。

从查找到的有关"科学"一词的众多不同定义中，仍然可以找到关于"科学"一词的一个共同含义，即："科学是如实反映客观事物固有规律的系统知识。"

根据"科学"一词的概念，再来考察"信息科学"，就能很好地理解其中的含义了。然而，"信息科学"既古老，又年轻。说其古老，是由于人类为了生存就需要获取外界的信息，无论是远古还是现代；说它年轻，是由于它一直处在发展与成熟的过程中。在当代，一般认为，信息科学是人类了解自然、感知自然，了解社会、沟通信息和利用自然、控制自然的一门综合性科学；信息科学是由信息论、信息通信理论、控制论、计算机科学、仿生学、系统工程与人工智能等学科互相渗透、相互结合而形成的；信息科学是系统研究信息获取、传输、处理、显示、存储与应用的科学，它涉及语言、文字、数据（包含物理参数）、生物信息、图像等信息形式。

信息科学理论不是由几个定理组成的，它是多个学科的理论群体，信息科学是在实际应用中，尤其是同电子技术结合的应用中发展、总结和提炼出来的，离开了实际应用，信息科学也就失去了价值。信息科学包括的内容极广，包括基础信息科学，如研究信息的内容、形式、本质和度量等；也包括应用信息学，如生物信息学、医学信息学、遗传信息学、地球信息学和宇宙信息学等；信息科学还包括信息与智能、信息与认知的信息思维哲学。但是当信息科学与电子技术、通信技术、计算机科学技术相结合后，就大大增强了人类的信息技术手段，使信息可闻、可视、可传输、可存储、可变换、可利用，从而形成了信息科学技术的一个专门领域，这就是"电子信息科学技术"。正是电子信息科学技术推动着社会的"信息化"进程，而互联网和移动互联网的发展和普及又极大地加速了这一进程。它已经使人类社会发生了并且还在继续发生着极其深刻的变化。电子信息科学技术是由多个学科、理论和技术组成的集群，并在世界工业体系中形成了庞大的电子信息产业。

　　我国在信息技术研究领域进步很快，建立了大量的研究机构，目前在大学设立有若干相应的理工科专业，如通信工程、电子信息工程、电子科学与技术、光电信息工程、计算机科学与技术、物联网工程以及数字媒体技术等。在大学本科专业之上又划分了若干研究生学科，以培养电子信息学科的高级专门人才。随着学科的高度分化和融合，有关信息学科的专业设置、学科分工以及人才培养等将会不断调整与变化，以适应未来信息化社会的发展需要。

第三节　电子技术的发展

一、电与电子管

　　人们很早就知道摩擦生电的自然现象，这最早可追溯到公元前。在 19 世纪 20 年代丹麦科学家奥斯特发现了电流的磁效应之后，法国科学家安培对电流和磁场之间的关系做了进一步的研究，发现了磁针转动方向和电流方向之间的关系。1831 年英国科学家法拉第发现了电和磁的相互感应现象，并奠定了发电机的理论基础，这可以说是 19 世纪最重要的发明。有了发电机，有了电，才能有 19 世纪 60 年代前后的众多发明，如电灯、电报、电话及各种电动工具，才能在 20 世纪初产生电子技术。

　　电子技术是从电子管开始的。1883 年爱迪生在寻找白炽灯中的灯丝材料时，发现了受热灯丝的附近存在热电子。1885 年英国电气工程师弗莱明发现：如果在灯泡里装上碳丝（称阴极）和铜板（称阳极或者屏极），则灯泡里的电子可实现从阴极到阳极的单向流动。1904 年弗莱明制成了在灯泡中装有阴极和屏极的世界上第一支电真空二极管（简称真空二极管）。真空二极管可以对交流电进行整流，使交流电变成直流电，或者称之为检波，即控制电流朝一个方向流动。真空二极管的功能是有限的，还不足以对电子技术的发展产生重大影响，标志着跨入电子技术时代大门的发明是电真空三极管（简称真空三极管）。

　　为了提高真空二极管的性能，20 世纪初，美国科学家李·德福雷斯特在真空二极管内插入一个栅栏式的金属网，发现这个栅网能十分有效地控制二极管中由阴极向屏极流动的电子数量，只要在栅网上加一个十分微弱的电流，就可以在屏极上得到比栅极电流大得多的电流，而且屏极上的电流波形和栅极上的电流波形完全一致，这就是三极管对信号的放大作用。电真空三极管的发明使信息技术从此跨入了电子时代。此后的无线电、收音机、电视机的发明都是基于三极管对信号的放大原理才制造出来的。在半导体三极管发明之前，真空二极管、三极管及改进产品在电子技术领域统治了五十余年。

在真空电子管原理的基础上，还发展出了众多其他的电真空器件，如电视机的显像管 CRT（Cathode Ray Tube），示波器用的阴极射线示波管、摄像机用的真空摄像管等。目前显像管、示波管正在被液晶等离子显示器所取代，摄像管已被 CCD 半导体器件所取代，但电真空器件在有些设备中仍有应用，如家用微波炉中的磁控管和某些大功率高频发射机中的大功率发射管等。

二、半导体器件

（一）电子管的缺点

用电子管器件可以制造出各种类型的电子设备，也可以制造计算机。它的缺点是体积大、功耗大，需加热灯丝才能发射出电子，因此一个电子管就是一个小白炽灯。

（二）晶体管的发明

半导体晶体管的发明开创了电子科学技术的新时代。半导体是一种介于金属和非金属之间的材料，以锗和硅为代表。20 世纪 50 年代，美国贝尔实验室的科学家在研究锗和硅的物理性质时，意外发现在一定性质的锗晶体物理结构条件下，锗晶体对信号有放大作用，随后他们制造出了世界上第一支点接触型锗晶体三极管。晶体管体积小、省电量，此后迅速取代电子管成为各类电子设备的主流器件。

三、纳米电子器件

纳米电子学和纳米器件将是微电子器件的下一次革命，纳米电子器件的功能将远远超出人们的预期，它将给人类信息科学技术的发展带来新的变革。随着固体器件尺寸变小，达到纳米（10^{-9}m=1 nm）级尺寸，其中受限电子会呈现量子力学波动效应，使器件出现用经典力学无法解释的特性，而其众多特性在信息电子学看来是十分有用的，从而可以供人们研究与制造新的电子器件，如纳米集成电路、纳米显示器等。

纳米电子学是当今世界电子学发展的大势所趋，全世界的众多科学家正大力开展研究工作并取得了很大的进展。20世纪末期，北京大学成立了纳米科学与技术研究中心，该中心通过化学、物理电子、生物、微电子的多学科交叉，在超高密度信息存储材料、纳米器件的组装和自组装、纳米结构的加工、单壁碳纳米管的结构和电子学特性研究、近场光学显微技术、纳米尺度的生物研究，以及微电子机械加工技术等方面都取得了可喜的成果，发现了 0.33 nm 级别的单壁碳纳米管，并根据该碳纳米管上侧垂直生长的形状，得出了纳米电子器件的 T 形模型。这种"T 形结"与纳米点、纳米线构成的"隧道结"可能会替代微电子 PN 结（普通晶体管内的基本结构）成为电子学的基本结构。竖立起来的单壁碳纳米管本身有场致发光效应，因而可用于显示屏的开发和改进扫描探针。单壁碳纳米管很短时，出现的负电阻效应（负电阻等效于释放能量，这是微波振荡电路的物理基础）也引起了科学家们的注意。而碳原子结构的石墨烯被普遍认为会最终替代硅，成为纳米电子器件的理想材料。

计算机网络是计算机技术和现代通信技术相结合的产物，是随着社会对信息的共享和社会信息化的要求而发展起来的。它将地理位置不同，并具有独立功能的多个计算机系统通过通信设备和通信线路连接起来，通过使用功能完善的网络软件（即网络通信协议、信息交换方式及操作系统等）实现彼此之间的数据通信和资源的共享。

第四节 信息科学技术的研究领域

一、信息获取

一切生物都要随时获取外部信息才能生存。人类主要通过眼、耳、鼻等来获取外界信息，并利用大脑对信息进行加工、分析和处理，而后做出反应。在信息技术高度发达的今天，人们可以借助各种信息技术手段来获取各种信息，将所获取的信息通过以计算机为核心的信息处理系统进行综合处理，从而提高获取信息的准确度和实现信息利用。

人们要获取的信息多种多样，在日常生活中最常见的是语音和图像信息的获取，例如：医生要获取病人病情的信息，一个自动控制系统要获取被控制对象物理参数的信息，信息化战争要获取各类军事目标的信息。

（一）语音信息的获取

获取语音信息有多种方法，除了早期留声机采用直接记录声波引起的机械振动的方法之外，现在比较通用的方法是将声音转换成电信号，这类可转换信号的转换器统称为拾音器。拾音器实际上是一种声音传感器，如固定电话和移动电话中的送话器、会场扩音系统中的麦克风等。按声波转换成电信号的不同机理，拾音器大致分为两类：一类是采用压电晶体（或者压电陶瓷），另一类是采用动感线圈。压电陶瓷的物理特性是当瓷片受压，则产生电，可通过瓷片两边的金属膜将电信号引出；如果在瓷片两边加交流电压信号，瓷片就产生与交流电压信号频率相同的振动。因而压电陶瓷可以将声波压力变为电信号，又可以在电信号的作用下发声。动感线圈的工作原理是线圈切割磁力线而产生电流。这两类拾音器的共同结构是都有一个"纸盆"以感知声波的振动。压电陶瓷成本低，灵敏度高，但音质不好，目前用动感线圈制作的传感器用得较多，体积最大的如扩音器中的麦克风，最小的如手机中的送话器（直径仅约6mm，厚度不到1 mm）。高品质耳机采用的也是动感线圈。

（二）图像信息的获取

图像信息的获取应用十分广泛，如照相机、摄像机、视频会议、远程医疗、实时监控、机器人视觉、地球资源遥感等。要获取图像，首先要有摄像头。摄像头分为光电扫描摄像头和CCD半导体电荷耦合器件摄像头两大类。早期用光电摄像管，现在几乎全部采用CCD，其区别在于摄像管中的感光器件。

1. 光电导摄像管的工作原理

光电导摄像管由感光靶面、光学镜头和电子束扫描控制（偏转线圈）系统等组成。外部景物通过光学镜头成像在由光—电转换材料制成的靶面上，光的强弱不同，感光靶面上相应感光点上的电压强度也不同。从左至右扫描一条线，称之为"行"，扫描完整靶面一次为"场"，这就是早期电视摄像头的工作原理。扫描的快慢根据应用要求的不同而不同，在模拟电视系统中是每秒扫描50场，每场图像扫描625行；如果是资源卫星中的图像遥感，则扫描频率可能慢得多。

彩色图像是由红、绿、蓝三种颜色的图像合成的，因而要有红、绿、蓝三个摄像头分别摄像才能合成彩色图像。

2.CCD 半导体摄像工作原理

CCD 半导体的摄像头用 CCD 电荷耦合器件代替了光电摄像管的靶面，用 DSP 控制芯片代替光电摄像管中的电子束扫描系统。一个 CCD 元件构成一个像素点，目前 CCD 已能制作到 1450 万个像素点。DSP 芯片也比电子束扫描的控制精度高得多，而且消耗功率很小。目前 CCD 几乎应用到了所有的图像传感器领域。

CCD 图像传感器的电荷耦合单元的每一个 CCD 单元由电荷感应、控制和传递三个小单元构成，电荷的多少由光的强弱决定，各单元的电荷依次按行在控制单元的控制下传递出去，按行、场的规律排列就组成了一幅图像。

（三）物理参数信息的获取

自动控制中往往需测量被控制对象的物理参数，如位置、温度、压力、张力、变形、流量（液体或气体）、流速等，而这些都是通过传感器实现的。一般传感器都得将被测参数的变化转变成电参数的变化。设计与制造优质传感器的关键是材料。在大学本科相关专业课程中会安排专门课程介绍传感器技术。

（四）军事信息的获取

在信息技术高度发达的今天，战争形态已发展到了以使用信息化武器为主要特征的新阶段。信息化战争是信息获取、信息传递、信息处理和信息利用的综合信息技术能力及信息化武器的战争。只有获取了信息，才能耳聪目明；只有信息传递顺畅，才能指挥自如；只有及时准确地处理和利用信息，才能运筹帷幄。

现代军事信息获取工具已经发展成了一种复杂的信息获取平台，如预警飞机、侦察卫星、雷达网和无人侦察飞机，甚至空天飞机等。按运载装备平台的活动区域可分为地面观测、空中观测、海上观测和航天观测等；按信息获取使用的手段可分为雷达、电视、光学、照相、声呐和激光等。军事信息的获取已超越了时空和单一手段的局限，构成了一张从空中、地面、海上到水下的多层次、全方位、全天候、全频段、立体化的信息获取网络。电子信息技术是信息化战争和信息化武器的核心。

二、信息传输

信息传输的另一个常用技术名词叫"通信"，它是电子信息科学技术中的一个重要领域。大学本科设有通信工程专业，以培养从事信息传输理论与技术的学习和设备的设计与制造的专业人才。顺便说明一下，"通讯"和"通信"是有区别的，"通讯"一般是指传送模拟语音，是在数字通信普及以前用来泛指电话系统的；在数字技术普及之后，由于语音、图像、文字等都变成了相同的二进制数码，从而可以同时在通信系统中传送，因而"通讯"一词如果不是专指语音，就应该用"通信"一词来泛指信息传输了。

（一）通信系统模型

信源——消息的来源，即由它产生出消息，泛指语音、文字、数据和图像。

编码——将消息数字化，变成以 1、0 为代码的二进制数码。

发送设备——将二进制数码变换成便于传送的电信号或者光信号向信道中传送。

信道——信号经过的通道，如大气空间、电线或海水等。

接收设备——完成与发送设备相反的变换，还原出与发送设备输入端相同的二进制代码。

接收者——可以是人，也可以是机器。

干扰源——表示信号在传输过程中可能引入的各种干扰，如设备的内部噪声和外来干扰等。

通信系统还原出的消息与信源发出的消息要尽可能相同，但不是精度越高越好，这是因为：①任何仪器都具有一定的精度，只要求恢复的消息达到感知仪器的精度要求即可；②要提高传送消息的精度需付出设备成本代价。因而我们应根据通信系统的实际应用需求在传送消息的精度和设备成本代价之间折中选择。

通信设备多种多样，应用环境各不相同，要完成通信系统设备的设计制造，需要学习电路理论、数字电路与微波技术等，不过现在已很少用分离元件来制造电子系统，而是采用集成电路，因而电子系统的设计基本上等同于集成电路的设计，或者是选取功能符合整机系统要求的集成电路功能块。此外，现代通信系统都是硬件与软件的结合，甚至可以用计算机系统平台来实现原有通信系统的功能，因此除硬件技术外还应掌握软件技术。

（二）通信系统的类型

划分通信系统类型的方法有很多种，如按信道类型来划分，就可以将通信系统划分为有线通信与无线通信。固定电话、互联网、闭路电视属于有线通信；移动电话、卫星通信、广播电视属于无线通信。

无线通信可以在不同的频率下工作。频率不同，无线通信设备的性能指标也会不同，各个频段安排的用途也不同。

（三）通信系统中的理论技术

人类对于通信系统中的理论技术问题已经研究了一个多世纪，已建立了较完善的通信系统理论体系，概括起来主要包括：信源编码理论、信道编码理论、调制理论、噪声理论和信号检测理论等。由于理论是在实践基础上的知识系统化和认知升华，随着技术的进步，上述理论也一直在发展，今后还会进一步发展。

编码，是为了更好地表示信息和传送信息。信源编码可以降低数据率；信道编码可以减少差错率，即使是在传输过程中出现了零星差错，信道编码也可以发现并纠正。最简单的可以发现错误的信道编码是传真机采用的"奇—偶校验码"，通过加一位 0 或者 1 使信道中传送的每个码字 1 的个数总是偶数（原信号中 1 的个数如为奇数则将码字的最后 1 位置 1，如已为偶数则置 0）。如果发现接收到的某个码字中 1 的个数为奇数，则立即可以判断出这一码字在传送中出错了，需要重传。

调制理论主要是研究提高传输效力的方法，相当于在不加宽马路宽度的条件下增加车流量。马路的宽窄相当于通信系统的频带宽度，频带宽度的单位是赫兹（Hz），通信效力以每赫兹带宽可传送的数码个数来衡量。好的调制技术可以将通信效力提高数十倍，1 Hz 带宽可传送 10 ~ 20 bit。

信号检测理论是研究如何从噪声中提取信号。有人打了个比方："如果没有噪声，那么，月亮上一只蚊子叫地球上也能听到。"但通信系统中的实际情况是总存在噪声，而且噪声总是同信号混合在一起无法分开，放大信号的同时噪声也被放大了，这时放大信号对突显信号毫无意义，只有当信号功率与噪声功率之比大到一定程度时接收机才能正确发现信号。这就要求在尽可能低的信噪比的情况下能发现信号。这在有的条件下对信息传输至关重要，例如宇宙通信，飞船在遥远的宇宙空间靠太阳能电池供电，不可能让发射信号功率太大，因而到达地球站的功率必然很微弱，使得地球站接收机输入端的信噪比必然很低，而好的信号检测技术可以降低对信噪比的要求。目前较好的信号检测技术，可以在输入信号功率是噪声功率的 4.1 倍时正确接收信号。如果信噪比低于这一数值，则需要采用信号处理方法来提高信噪比；而香农信息论计算出的信噪比最低极限值是 1.45，但实际中的设备无法达到这一极限值。

（四）通信网

当代通信一般都不是单点对单点，而是众多用户同时接入到一个网络中，任何一个用户都可以与接入网络的另一个用户通信。如固定电话网、移动通信网和互联网等，同一时刻可能有几万、几十万用户在呼叫对方，武汉的用户甲如何找到北京的用户乙，固定电话网中的用户甲如何找到移动电话网中的用户乙，这涉及网络管理、路由和信息交换等技术，同时还涉及通信网的体制结构、信号结构和通信协议等。固定电话网中的语音数据速率、信号结构与移动通信网中的语音数据速率、信号结构不同，这时要实现跨网通信除要选择路由和进行数据交换之外，还必须进行信号格式和速率的变换。

（五）互联网的拓展

现在互联网已成为全世界信息汇聚的平台，通过互联网不但可以了解当前世界正在发生的事情，而且可以打电话（网络电话、视频电话）、看电视、发邮件（代替传真），同时还可以在网上购物、开视频会议等。网络已经成为人们工作、学习和娱乐的场所，也正成为越来越多的人们生活的一部分。不但计算机和各种网络终端可以接入互联网，而且家用电器、交通工具和各种配有网络接入信号端口的物品都可以接入互联网，称之为"物联网"，即"物物相联的互联网"，这样就将网络的用户端延伸和扩展到了物品与物品之间。物品接入"物联网"的条件主要有：要有相应信息的接收器、要有数据传输通道、要有一定的智能与信息存储功能、要能被网络唯一识别（即每一件接入网络的物品都应有一个唯一的识别码）等。物联网的发展将把社会信息化推向一个新的高度。互联网正在进入下一代统一的、多网融合的"互联网络"，在这个演进过程中，必定会产生新的技术和理论。

三、信息处理

（一）信号处理与信息处理

1. 信号处理

信号是消息的载体，是通信系统的主要组成部分，如电信号、光信号、磁信号等，它们是由消息经变换后得到的。在通信中通常采用的信号有两类，一类是模拟信号，另一类是数字信号。信号的每个参数都可以由消息转换而来，如果消息是无失真变换成信号，不论是模拟信号还是数字信号，这时消息中的信息就转移到了信号中，因而此时的信号序列已经含有信息，这一信号序列已成为信息的载体。除了人脑可以直接对信息进行加工处理外，机器只有通过对载有信息的信号序列的处理才能实现对信息的处理。例如，手机在传送语音时，首先获取的是模拟语音波形，而后将模拟波形变成数字信号，接着将数字信号每 20mA 切割为一段，而后分析这 20 mA 的语音波形参数，再接着是将这一组波形参数再编码为新的数字信号。在上述这些处理过程中，系统机械地根据信号进行操作，从一组参数变成了另一组参数，丝毫也未顾及信号中的信息，即使是在分割信号流时正好是将语音的一个音节切成两半，它也照切不误，因而手机对语音所进行的上述处理即属于信号处理。信号处理的目的和设计要求并非服从或者服务于信息本身。上述手机对语音所进行的处理就是服从于通信系统对语音数据速率的限制，因而它不惜损伤语音信息本身。

2. 信息处理

信息处理有两种模型，一种是信号→信息，另一种是信息→信息。信息处理往往要通过对信号中代表信息的相应参数的处理来实现。信息处理与信号处理的区别主要是它引入了对信号参数的理解。因而对信号参数的处理目的是服从于信息本身，如要求图像清晰度高、品质好等。信息处理主要包括：信息参数提取、增强、信息分类与识别等。信息处理模块的设计与评价是以其输出信息的指标作为依据的。

数字电视属于第一类信息处理，它输入信号，输出图像。在数字电视机中对信号进行的处理都是为了获得较好的图像质量。语言翻译机属于第二类信息处理，系统中对语音信号进行的处理，如编码、语音参数提取、语音识别、语义分析、语音合成等，都是以语音信息的质量指标为前提。因而信息处理的输出是信息（即语音、文字和图像），信息处理系统中对信号进行处理的目的是获得所需要的信息参量指标，这和信号处理中的"信号→信号"模型是不同的。

（二）汉字识别

汉字识别分为印刷体汉字识别和手写体汉字识别。印刷体汉字识别技术已经非常成熟，困难的是手写体汉字识别，因为各人的写字风格不同，行草程度不同。自20世纪90年代开始，我国组织了对手写体汉字识别的研究，并取得了巨大进展。

手写体汉字识别又分为联机手写体汉字识别和脱机手写体汉字识别。所谓联机手写体汉字识别是利用与识别系统（专用计算机或者专用汉字识别器等）相连的专用输入设备（如写字板、光笔等）写入单个汉字，待机器识别该汉字后再输入下一个汉字。这一技术已较为成熟，目前大部分手机都有该项功能，使得用手机发短信十分方便。所谓脱机手写体汉字识别是将文件、单据上的手写体汉字以照片或者扫描的方式输入识别系统，由系统完成对汉字的识别。在脱机手写体汉字识别系统中又分为特定人和非特定人。非特定人手写体汉字识别是最困难的。然而经过持续多年的研究，当前该项技术也已接近实用程度，系统的正确识别率可达95%以上，采用一般个人计算机识别速度可达2000～5000个汉字/秒。

（三）语音信息处理

语音信息处理包括语音识别与语音合成两方面。目前，语音信息处理技术研究已取得惊人的进展，已有成熟的语音识别与语音合成芯片，不但在机器人中采用，而且已应用在智能玩具中，制造出了能听懂人说话和能说话的玩具，预计市场前景广阔。与此同时，语音研究的条件也越来越好，目前在个人电脑的最新操作系统中，有的操作系统嵌入了供研究人员通过API访问的语音平台，人们可以利用这一平台来研究语音信息，同时该平台还为计算机提供语音电话和语音命令等功能。

1. 语音识别

语音识别的第一步是将模拟语音波形数字化；第二步是从数字语音信号中提取语音参数，在这一步中要采用多种数字语音信号处理技术，如线性预测系数（LPC）分析、全极点数字滤波、离散傅里叶变换或反变换、求倒谱系数等；第三步是建立语音的声学模型和语音模型；第四步是根据语音参数搜索和匹配语音模型与声学模型，最后识别出语音。这其中还有很多技术细节需要考虑，由于汉语有很多同音字，因此需要利用语义分析、"联想"等人工智能策略来理解语音、语义。但技术发展的潜力是无限的，当前语音识别技术所达到的水平在几年前是想象不到的，今后还将进一步发展。

2. 语音合成

如果说语音识别是将语音通过数字处理变为文本文件，那么可以说语音合成就是语音识别的逆过程，是将文本文件转换成语音，这就不难理解语音合成的原理了。采用语音合成技术可以制造出能朗读书刊、报纸的机器。

（四）图像信息处理及应用

语音信号是一维时间函数，而图像是二维的；语音信号的处理只是对数字序列进行运算，图像信号的处理则是对一个平面的数据（矩阵）进行运算，图像信号处理的运算量比语音信号的处理要大得多。图像信息处理的内容很多，包括图像去噪、增强、变换、边沿提取及图像分割、图像识别和图像理解等。图像信息处理应用十分广泛，可以说无处不在，下面仅简要介绍几个主要的应用领域，如视频通信、医疗、遥感、工业交通、机器人视觉、军事公安和虚拟现实等。

1. 视频通信

常见的数字视频通信设备，如可视电话、会议电视、远程教学、卫星电视、数字电视、高清晰度电视等，都离不开图像信息处理中的多项技术，包括获取图像、压缩编码、调制传输、图像重建和显示等。

2. 医疗

图像处理在医学界的应用也非常广泛，无论是临床诊断还是病理研究都大量采用图像处理和图像分析技术，如 X 射线层析摄影（CT）、核磁共振（MRI）、超声成像、血管造影、细胞和染色体自动分类等；在癌细胞自动识别中，需要测定面积、形状、总光密度、胞核结构等定量特征。可以说在现代医疗诊断中，获取、分析和处理人体某些组织的图像已成为不可缺少的手段。

3. 遥感

卫星遥感和航空测量的图像需要进行图像校正来消除对卫星或飞机的

姿态、运动、时间和气候条件等因素的影响，同时需要通过分析和处理才能从遥感图像中获取资源普查、矿藏勘探、耕地保护、国土规划、灾害调查、农作物估产、气象预报以及军事目标监视的信息。遥感是获取上述信息最快捷、最经济的手段。

4. 工业交通

在生产线上对产品及部件进行无损检测是图像处理技术的另一个重要应用领域。该领域自 20 世纪 70 年代以来已经得到了迅速发展，推进了生产过程的自动化、信息化。在交通方面，利用车辆的动态视频或静态图像进行牌照号码、牌照颜色自动识别的技术也在一定程度上推动了交通运输的信息化，方便监视车辆违章，实现不停车收费，同时还可用于汽车自动驾驶等。

5. 军事公安

军事目标的侦察、制导和警戒系统等都需要用到图像处理技术。公安部门在进行现场照片、指纹、虹膜、面部、手迹、印章等的处理和辨识时也要借助图像处理技术。

生物识别技术中以指纹识别的使用最为广泛。指纹识别已不只是使用光学探测，目前已经发展到使用电场和静电识别指纹的真实性，能有效防止伪造、冒用非活体的手指。自动指纹识别系统作为一种比较理想的安全认证技术，在门禁控制、信息保密、远端认证等领域已经得到广泛应用。指纹识别前，需对采集到的指纹图像进行预处理，使指纹图像画面清晰、边缘明显，以增强指纹识别的正确性。

6. 机器视觉

机器视觉作为智能机器人的重要感觉器官，主要进行三维景物的理解和识别。机器视觉可用于军事侦察、危险环境的自主机器人，邮政、医院和家庭服务的智能机器人，装配线工件识别、定位，太空机器人的自动操作等。

7. 虚拟现实

虚拟现实简称 VR，它通过整合图像、声音、动画等，将三维的现实环境、物体等用二维或者三维的信号形式重构、合成和表现，给人以身临其境之感。虚拟现实的重要应用领域是军事演习、飞行员培训等。虚拟漫游技术是虚拟现实技术的重要分支。

四、信息存储

信息存储在信息学科领域应划入计算机科学的范畴。下面介绍几种应用最广的信息存储器件：磁存储、光存储和半导体存储。

（一）磁存储

磁存储的主要设备是硬盘，它是计算机的外部设备。计算机将数据通过磁头变成磁信号刻录在硬盘磁体上，记录在硬盘上的数据可以擦洗后重写。硬盘的尺寸有多种规格，最小的硬盘直径只有1.3英寸（1英寸=2.54cm），可以直接插在摄像机内作为数字图像的大容量存储器。

目前，计算机中的硬盘容量已可达1000GB，硬盘尺寸不同，容量大小也不同。存取数据的速度决定了硬盘的转速，数据存取的速度越快，硬盘的转速越高，因而高转速硬盘比低转速的硬盘好。一般硬盘的转速是5200r/min或者7400r/min。

（二）光存储

光存储是计算机将数据通过激光头记录在CD盘片上。有一次写入型CD盘片和多次擦写型CD盘片两种。不同的盘片性能差别较大，目前较好的蓝光DVD盘片可保存数据70年，一张DVD盘片上可存入的数据量是4.7～8.3GB。随着信息技术的发展，要求信息存储技术向高密度、高数据传输速率和大容量方向发展。光存储在大容量存储方面相对于磁存储和半导体存储有突出优势，在高清影视节目、大容量文档永久保存、海量数据存储以及今后的三维影视节目播放中占据着关键的地位。通过缩短激光波长和增大光学头的数值孔径，现在的蓝光光盘容量已经达到25～27GB，然而下一代光盘的容量可能达到100GB以上。

（三）半导体移动存储器

半导体移动存储器也称为闪存，闪存是可擦写存储器EEPROM的一种，配上不同的接口电路就得到了不同形式的产品。USB移动存储器是闪存配上USB接口，目前USB闪存的最大容量已达16GB；配上9针接口电路的称为SD卡，SD卡的外形固定为24mm×32mm×2.1mm，和USB闪存相比存取速度更快，目前SD卡已有32 GB的产品。此外还有记忆棒和CF卡等。

目前USB闪存使用最广，其次是SD卡，它们已取代计算机的软盘，成为使用极广的一种移动存储器。记忆棒、CF卡通常使用在其他一些电子设备中，如照相机等。

（四）21 世纪新一代存储器——纳米存储器、激光量子存储器

目前正在发展中的纳米存储器的存储单元尺寸在纳米级水平，因而采用纳米存储技术，将实现在相同几何单元内的信息存储容量提高 100 万倍。举一个形象的例子：一个大型图书馆中的所有资料，可以轻松地存放到一个不到 $2mm^2$ 的纳米存储器单元内。目前正在研究的纳米存储器有多种，它们有不同的名称，如分子存储器、全息存储器、纳米管 RAM、微设备存储、聚合体存储等，预计纳米存储器终将成为下一代存储器的新兴产业。

激光量子存储是通过阻断和控制激光来操控晶体中的原子，可以高效率和高精准度地使激光量子特性被存储和操控。采用激光量子技术可进一步研制出超快速的量子计算机，同时该技术还可以使通信绝对安全，使破译、窃听成为不可能的事情。

五、信息应用

在信息化社会的今天，可以说信息的应用已无处不在、无时不在，渗透到社会生活的各个方面，大到政治、经济、军事、交通、传媒和金融，小到个人生活、娱乐和衣、食、住、行。但是从信息科学技术的角度考察，集中研究信息应用的科学领域是"自动化与控制科学"和"网络信息检索"等。

（一）自动控制系统中的信息利用

自动化与控制科学的研究重点是利用信息实施控制。一个控制系统必须获取信息、处理信息、传送信息和执行被控制对象按预定目标进行的某种操作，并获取操作后的系统行为信息。因而现代自动控制系统涵盖了信息科学的全部。自动控制系统可以是电的，也可以是纯机械的，但是一个复杂的控制系统，如自动化制造、自动化管理、自动化运行等往往都必须同计算机、通信相结合，因而它通常是一个复杂的电系统。当前，工业自动化正在向工业信息化的更高阶段发展。

自动控制系统也可以是开环的，但性能比闭环系统差。闭环控制系统有一系列的理论问题要研究解决，如稳定性、系统响应速度和控制精度等。要研究解决这些问题就必须研究系统建模（数学模型），并寻求最优的控制方法，从而构成了当代控制科学与工程的科学理论体系。

（二）信息检索

信息检索是信息利用的另一种形式，其含义是将信息按一定的方式组织和存储起来，并根据用户的需要查找出所需要的信息内容。信息化社会即信息网络化社会，社会各方面的信息都汇聚到网络中，只有在网络具备良好信息检索功能的条件下，信息才能发挥作用，社会才能共享信息资源。信息检索不但是技术人员和科研人员学习、工作的工具，也是工、农、商、学、兵等各行各业人员从事业务活动之必需。学会如何在浩如烟海的互联网中找到有用的信息资源至关重要，它能帮助个人、企业创造财富。信息检索技术的发展将对促进社会各方面的进步产生越来越深远的影响。

信息检索包含两方面的内容：一是信息的组织、结构和标识；二是检索系统。无论是何种内容的信息检索都要通过检索系统来进行，一个检索系统通常由检索文档、系统规则和检索设备（计算机、网络等）构成。网络信息资源是指网络上可以利用的信息资源的总和。网络信息资源的庞大、繁杂、多样，使得人们对网络信息资源的类型有着不同的划分方式。一般来说，人们习惯按照传输协议的不同将网络信息资源分为以下几类：

1.WWW 信息资源

WWW 资源检索是以万维网上的资源为主要的检索对象，又以 WWW 形式提供服务，是目前最受欢迎、最方便和使用最多的信息检索方式。WWW 检索工具一般可分为目录型检索工具、搜索引擎检索工具及混合型检索工具。

（1）目录型检索工具

是按照某种主题分类体系编制的一种可供检索的结构式目录，是一种基于人工建立的网站分类目录。目录按一定的主题分类组织，并辅之以年代、地区等分类，通过用户浏览分层目录来寻找符合要求的信息资源。目前此类检索工具的代表有雅虎、搜狐和新浪等门户网站。

（2）搜索引擎检索工具

是指利用网络搜索技术对互联网上的信息资源进行标引，为检索者提供检索的工具。搜索引擎通过搜集网页，并对其标引，建立索引数据库；用户在检索文本框中输入检索词或检索词表达式后，系统以特定的检索算法找出相关记录，并按照相关性或者时间对其进行排序，将结果反馈给用户，如谷歌、百度等。

（3）混合型检索工具

兼有检索型和目录型两种方式，既可以直接输入搜索词查找特定资源，又可以浏览目录了解某个领域范围的资源。实际上现在大部分搜索引擎都同时提供了检索词检索和目录浏览两种检索。

2.用户服务组信息资源

网络上各种各样的用户通信或服务组是互联网上最受欢迎的信息交流形式，包括新闻组、邮件列表、电子公告牌等。虽然名称各异，但实质上都是由对特定主题有着共同兴趣的网络用户组成的论坛。

3.Gopher 信息资源

Gopher 是一种基于菜单的网络信息服务系统，它将互联网上的文件组织成某种索引，很方便地将用户从互联网的一处带到另一处。利用 Gopher 服务器，通过选择菜单项，在一级级菜单的指引下，进入子菜单或某一文件进行浏览，这些文件以树形的结构进行组织管理，用户可以在这些文件树之间穿梭查找所需要的信息，可以跨越多个计算机系统。Gopher 协议使得互联网上的所有 Gopher 客户程序能够与互联网上的所有已"注册"的 Gopher 服务器进行对话。

4.Telnet 信息资源

Telnet 是指在远程登录协议的支持下，用户通过登录远程计算机，使用远程计算机的各种软硬件资源，如打印机、多媒体输入输出设备、超级计算机等硬件资源，也包括大型计算机程序、大型数据库等软件资源。大学图书馆和社会上许多大中型图书馆一般都建有可以远程登录查询资源的系统，通过 Telnet 方式提供联机检索目录，可以与全世界许多信息中心、图书馆及其他信息资源联系。

5.FTP 信息资源

FTP 是互联网使用的一种网络传输协议，其主要功能是实现文件从一个系统到另一个系统的完整拷贝，如文本文件、二进制可执行程序、科学论文、图像文件、声音文件等。可以说只要是以计算机方式存储的信息资源，都可以通过 FTP 协议的形式传递、检索。目前，网络上 FTP 服务器数量众多，用户可以通过 FTP 协议把自己的计算机与世界各地所有运行 FTP 协议的服务器相连，访问服务器上的信息资源。

6.WAIS 资源

WAIS 能检索众多数据库中的任意一个数据，而每个数据库就是一个资源。目前，互联网上有许多免费的 WAIS 资源，涉及政治、文学、计算机科学及一些自然科学领域或商业信息等。

第二章 计算机网络与通信技术

第一节 计算机网络概述

一、计算机网络的定义和功能

（一）计算机网络的定义

计算机网络在不同的发展阶段或从不同的观点看有不同的定义。

ARPA网建成后，把计算机网络定义为：以相互共享（硬件、软件和数据）资源的方式联结起来，且各自具有独立功能的计算机系统之集合。这个定义着重于应用目的，而未指出其物理结构。当联机终端网络发展到计算机—计算机网时，为了区分前者和后者，从物理结构看，计算机网络被定义为：在网络协议控制下，由多台功能独立的主计算机、若干台终端、数据传输设备以及计算机与计算机间、终端与计算机进行通信的设备所组成的计算机复合系统。这个定义强调联网的计算机必须具有数据处理能力且功能独立。

一般较公认的计算机网络的定义如下：计算机网络就是利用通信设备和线路将地理位置不同的、功能独立的多个计算机系统互联起来，以功能完善的网络软件实现软件、硬件资源共享和信息传递的系统。

这里强调了计算机网络是通信技术和计算机技术相结合的产物，强调计算机网络是将处在不同地理位置的计算机进行互联，强调互联的计算机主机是具有功能独立的数据处理能力的计算机，强调互联的目的是为了实现信息传输和资源共享。

（二）计算机网络的功能

计算机网络主要是为用户提供一个网络环境，使用户能通过计算机网络实现资源共享和信息传递。

1. 资源共享

计算机在广大的地域范围联网后，资源子网中各主机的资源原则上都可共享。计算机网络的共享资源有硬件、软件、数据等。

硬件资源有超大型存储器、特殊的外部设备以及大型、巨型机的 CPU 处理器等，共享硬件资源是共享其他资源的物质基础。软件资源有各种语言处理程序、服务程序和各种应用程序。数据资源有各种数据文件、各种数据库等，共享数据资源是计算机网络最重要的目的。

在网络中，资源共享的最典型的例子就是数据中心存储系统、高性能计算中心的计算系统和云计算。数据中心存储系统由具有近百 T 的存储容量，实现企事业单位的数据集中存储、集中管理，各种应用系统的数据都以共享数据中心存储空间的方式存储在数据中心存储系统中。

高性能计算中心由具有每秒上万亿次计算能力的计算系统和相关计算业务软件构成，用户通过网络远程提交计算作业，由计算中心的计算系统处理后，将计算结果输出到用户终端。所有需要计算资源的用户都可以通过网络共享高性能计算中心的计算资源。

云计算通过共享的软硬件资源和信息资源实现按用户需求提供服务，是计算机网络资源共享中最令人向往的境界。

2. 信息传递

计算机网络的另一个主要目的是信息传递。通过计算机网络可以实现文件传输、电子邮件和声音、数据、图形和图像等多媒体信息的上传和下载。

计算机网络除了以上两个主要功能外，还有以下一些功能：

（1）提高可靠性

计算机网络一般都属于分布控制方式，如果有单个部件或少量计算机发生故障，可以利用网络上的其他计算机来完成它们要完成的任务。由于相同的资源可以分布在不同地方的计算机上，这样，网络就可以通过不同的路由来访问这些资源。计算机网络中的通信双方存在多条路径可达对方，当一条通信链路出现故障时，从其他路径仍然可达对方，从而大大提高了通信的可靠性。

（2）分布式处理

由于计算机价格下降的速度较快，在计算机网络内计算机和通信装置的价格比发生了显著的变化，这使得在计算机网络内部可以充分利用计算机资源，在计算机网络上设置一些专用服务器，专门进行某种业务的处理，把所需的各种处理功能分散到各个计算机网络上，提高处理能力和效率。

（3）改善工作环境和条件

电子邮件、QQ等可以使用户开展快捷的通信，实现全球快捷的电子通信。利用即时通网络业务，可以轻松实现网上对话、视频聊天、文件传输、获取资讯等网络业务。

利用视频会议系统，远隔千里的人们只要坐在自己办公室的计算机旁就可以和其他网络上的用户进行会议讨论、相互交谈和协商。

利用计算机网络可以实现信息查询，联网的每一个信息库，只要是开放的，你都可以通过计算机网络去访问、查询你所需要的信息。使用计算机网络可以查询世界上任何与Internet网相连的计算机上的信息，使世界变成一个全球性的电子图书馆。

尽管以上提出了一些计算机网络的功能，事实上，目前的互联网还远远不是我们经常说到的"信息高速公路"。这不仅因为目前互联网的传输速度仍不够快，更重要的是互联网还没有定型，还一直在发展变化。因此，任何对互联网的技术定义也只能是当下的、现时的。与此同时，在越来越多的人加入互联网中、越来越多地使用互联网的过程中，也会不断从社会、文化的角度对互联网的意义、价值和本质提出新的理解。

二、计算机网络的组成

（一）计算机资源子网

1.资源子网的组成

资源子网由拥有资源的主计算机、请求资源的用户终端、终端控制器、各种软件资源及信息资源等组成。

（1）主计算机

主计算机系统简称为主机，它可以是大型机、中型机、小型机、工作站或微机。

主机是资源子网的主要组成单元，它通过高速通信线路与通信子网的通信控制处理机相连接。普通用户终端通过主机连入网内。主要为本地用户访问网络上其他主机设备与资源提供服务，同时也为远程用户共享本地资源提供服务。随着微型机的广泛应用，连入计算机网络的微型机日益增多，它可以作为主机的一种类型，直接通过通信控制处理机连入网内，也可以通过联网的大、中、小型计算机系统间接连入网内。

（2）终端

终端是用户访问网络的界面。终端一般是指没有存储与处理信息能力的简单输入、输出设备，也可以是带有微处理机的智能终端。智能终端除具有输入、输出信息的功能外，本身还具有存储与处理信息的能力。

（3）网络中的共享设备

网络共享设备一般是指计算机的外部设备。

2.资源子网的基本功能

资源子网负责全网的数据处理业务，并向网络用户提供各种网络资源和网络服务。

（二）通信子网

通信子网主要负责计算机网络内部信息流的传递、交换和控制，以及信号的变换和通信中的相关处理工作，间接地服务于用户。它主要包括网络节点、通信链路、交换机和信号变换设备等软硬件设施。

1.网络节点

网络节点的作用有：①作为通信子网与资源子网的接口，负责管理和收发本地主机和网络所交换的信息，相当于通信控制处理机CCP；②作为发送信息、接收信息、交换信息和转发信息的通信设备，负责接收其他网络节点传送来的信息并选择一条合适的链路发送出去，完成信息的交换和转发。网络节点可以分为交换节点和访问节点两种。交换节点主要包括交换机、网络互联时用的路由器以及负责网络中信息交换的设备等；访问节点主要包括连接用户计算机和终端设备的接收器、收发器等通信设备。

2.通信链路

通信链路是两个节点之间的一条通信信道。链路的传输媒体包括双绞线、同轴电缆、光导纤维、无线电等。

3.交换机

交换机是一种用于电信号转发的网络设备。它可以为接入交换机的任意两个网络节点提供独享的电信号通路。最常见的交换机是以太网交换机。

其他常见的还有电话语音交换机、光纤交换机等。

4.信号变换设备

信号变换设备的功能是对信号进行变换以适应不同传输媒体的要求。这些设备一般有将计算机输出的数字信号变换为电话线上传送的模拟信号的调制解调器、无线通信接收和发送器，以及用于光纤通信的编码解码器等。

（三）网络硬件系统和软件系统

与计算机系统相似，计算机网络也是由硬件系统和软件系统两大部分构成的。

1.网络硬件系统

计算机网络的硬件主要包括主计算机、终端、通信控制处理机、调制解调器、多路复用器、集线器和通信线路等。

（1）主计算机

主计算机负责网络中的数据处理、执行网络协议、进行网络控制和管理等工作，也包括供用户共享访问的数据库的管理，它与其他主计算机系统联网后构成网络中的主要资源，它既可以是单机系统，也可以是多机系统。

（2）终端

终端是用户访问网络的设备，一般具有键盘和显示及打印功能，也可以是汉字输入／输出终端、智能终端、虚拟终端等。终端的主要作用是把用户输入的信息转变为适合传送的信息传送到网络上，或把网络上其他节点输出的经过通信线路的信息转变为用户所能识别的信息。

（3）通信控制处理机

通信控制处理机也称为通信控制器，在某些网络中也称为前端处理机、接口信息处理机等，它是一种在数据通信系统或计算机网络系统中执行通信控制与处理功能的专用计算机，通常由小型机或微型机组成，大型网络采用专用通信设备，其主要作用就是承担通信控制和管理工作，减轻主机负担。

（4）调制解调器

调制解调器是把数据终端设备与模拟通信线路连接起来的一种接口设备。调制解调器的种类很多，有基带的、宽带的，无线的、有线的，音频的、数字的，低速的、高速的，同步的、异步的等，一般常用的就是利用电话线作为传输介质的音频调制解调器。

（5）多路复用器

采用多路复用技术可使多个信号共用一个通道，这样就能使信道容量尽可能地被充分利用。利用多路复用器可以实现多路信号的同时传输，提高信道利用率。

（6）通信线路

通信线路是传输信息的载波媒体。通信线路也称为通信信道或通信链路。计算机网络中的通信线路有有线线路和无线线路两种。

（7）网络互联设备

现在大多数网络都是由一种或多种网络互联设备将两个或两个以上的网络连接起来，构成一个更大的互联网络系统。常用的网络互联设备有网桥、路由器、交换机和网关等。

2.计算机网络软件

利用计算机网络进行通信时，需要控制信息传送的协议以及其他相应的网络软件。计算机网络软件是实现计算机网络功能不可或缺的软环境。因为仅仅使用硬件进行通信就好像用 0 和 1 进行 M 进制编程那样难以实现。

（1）网络操作系统

网络操作系统是网络的心脏和灵魂，是向网络中的计算机提供数据通信和资源共享功能的操作系统。网络操作系统运行在网络硬件之上，为网络用户提供共享资源管理服务、基本通信服务、网络系统安全服务及其他网络服务。

网络操作系统与运行在工作站上的单用户操作系统或多用户操作系统因提供的服务类型不同而有所差别。一般情况下，计算机操作系统的目的是让用户与系统及在此操作系统上运行的各种应用之间的交互作用最佳。而网络操作系统以使网络相关特性最佳为目的。

（2）网络协议通信软件

为了在各网络单元之间进行数据通信，通信的双方必须遵守一套能够彼此理解、全网一致遵守的网络协议，而网络协议要靠具体网络协议软件的运行支持才能工作，因此，凡是连入计算机网络的服务器和工作站都必须运行相应的网络协议通信软件。

综上所述，我们可以进一步加深对计算机网络的认识：计算机网络是运行在传输主干网之上，由用户资源子网和通信传输子网组成的一类业务网，它承载着数据交换和资源共享的任务，是国家信息基础设施中的重要组成部分。

三、计算机网络的分类

（一）按地域范围分类

按地域范围分类，计算机网络可以分为局域网、城域网、广域网。

局域网的地域范围仅在几十米到几千米，主要是一个工作室、一栋大楼、一个园区范围内的网络。

城域网的地域范围仅在一个城市内，主要是一个城市的专门机构的网络。如每个城市的大学网络、中学网络以及政府有关管理机构的专用网络等。

广域网的地域范围是互联网络的概念，指各个城市、各个省乃至各个国家互联的网络。广域网一般要借助电信覆盖全国、全省的网络实现各个城市、各个局域网之间的互联，所以广域网主要是电信运营商的网络。

（二）按拓扑结构分类

网络中的连接模式叫作网络的拓扑结构。为了方便研究网络的拓扑结构，将网络中的主机、外部设备和通信控制处理机用抽象的节点来表示，将通信线路抽象成链路线段来表示。在网络中负责信息处理的计算机、服务器等统称为数据终端设备 DTE，负责通信控制的交换机、路由器等统称为数据通信设备 DCE。

在拓扑结构表示中，将 DTE、DCE 都抽象成节点，将所有的传输介质都抽象成线段。这样一来计算机网络被抽象成点和线的连接，这种点线连接构成的网络结构图称为网络拓扑结构图。

在计算机网络中，计算机互联采用全连接型构成点到点的通信是最理想的，即每一对节点之间都存在一条线路直接连接。这样可以使得传输速度最快。在全连接方式中，系统需要的链路数是节点数的平方倍，需要大量的传输线路，这样通信线路费用就会过高，在实际网络中采用全连接实际上是不现实的。

按照网络拓扑分类，计算机网络拓扑有网形拓扑、树形拓扑、混合型拓扑、总线拓扑、星形拓扑和环形拓扑。广域网的拓扑结构一般为：网形拓扑、树形拓扑、混合型拓扑。

网形拓扑由于节点之间有许多条路径相连，可以为数据分组的传输选择适当的路由，当网络某部分出现故障或数据流量过大时，数据分组可以绕过失效的部件或过忙的节点，大大提高网络传输的可靠性。网形拓扑结构的网络协议较为复杂，但由于它的可靠性高，因此被广泛应用在广域网中。

树形拓扑像一棵倒置的树，顶端是树根，树根以下带若干分支，每个分支还可以再带子分支。这种拓扑的站发送信号时，根接收该信号，然后重新广播到全网。树形网容易扩充，新的节点和分支很容易加入网中。容易进行故障隔离，某一分支或节点出现故障，很容易将故障分支或节点与整个网络系统隔离开来。其缺点是对根的依赖较大，根若出现故障，全网则不能正常工作。

混合型拓扑一般是将两种不同的网络拓扑结构混合起来。

总线拓扑是属于共享信道的广播式网络，所有站点通过相应的接口直接连接到这一公共信道上。任何一个站发送的信息都沿着公共信道传输，而且能被所有的其他站接收。因为所有站共享一条公共信道，所以一个时刻只能有一个站发送信号。要发送信息的站通过某种仲裁协议（介质访问控制方法）获得使用信道的权力。网上的所有站分时使用信道进行数据传输。

总线拓扑的优点为：结构简单、容易扩充；连接采用无源部件，有较高的可靠性。

总线拓扑的缺点为：传输距离较远时，需增加中继设备来延长传输距离；因不是集中控制，故障检测需要在网上各节点进行，故障检测难度较大。

环形拓扑由站点和连接站点的链路组成一个闭合环。环中信息流向只能是单向的。

每个收到信息包的站都向它的下游站转发该信息包。信息包在环网中逐站转发，传输一圈，最后由发送站进行回收。当信息包经过目标站时，目标站根据信息包中的目标地址判断出自己是接收站，并把该信息包拷贝到自己的接收缓冲区中，完成信息包的接收。通过这样的方式，网络上的任何一对工作站都可以实现数据的通信。环形拓扑的优点为：控制方式使每个站具有相同的发送权，即每个站都有相同的机会获得发送权。环形拓扑的缺点为：一旦发生断环，网络则不能工作；环形网络的连接采用的是有源部件，可靠性相对较低。

星形拓扑通过一个中央转发节点实现一对工作站之间的数据传输。中央转发节点是集中控制方式，因此中央节点相当复杂。一般使用专用交换机来实现中央转发。一对用户之间一旦建立了连接，就可实现无延迟的传输。星形拓扑的优点为：控制简单，容易做到故障诊断和隔离。星形拓扑的缺点为：中央节点出现故障将引起全网瘫痪。

（三）按有线、无线网络分类

有线网络使用光纤、双绞线等传输介质实现通信，无线网络通过无线信道进行通信。企业、校园、小区的网络一般为有线网络，城市公共区域的网络一般采用无线网络，企业、校园、小区的网络建设也可以在有线网络的基础上延伸无线网络，覆盖企业、校园、小区户外的公共区域，支持移动上网功能。

第二节 现代移动通信

一、移动通信介绍

（一）移动通信概述

随着社会的发展，简单的点对点的固定通信方式已经远远不能满足人们的要求。人们期望能够实现任何人（Whoever）、在任何地方（Wherever）、任何时间（Whenever）与任何人（Whomever）进行任何业务（Whatever）的通信，即"5w"。要实现这一目标，移动通信技术起着关键性的作用。

顾名思义，移动通信是通信的双方或至少有一方处在运动中所进行的通信。它能够解决人们在活动中与固定终端或其他移动载体上的对象进行通信的要求，为人们更有效地利用时间提供了可能，从而有助于提高工作效率，具有很大的社会效益和经济效益。移动通信的基本特征是"移动"，移动通信必须具备以下两个基本特征：

1. 定位与跟踪

无论是处在通信还是处于待机状态，系统必须实时跟踪移动终端的位置，从而保证系统不会因用户位置改变而中断。另外，系统必须为随时进入网络的新用户提供通信服务，所以移动通信系统必须具备对移动终端进行定位和跟踪的能力。

2.保持最佳接入点

移动通信中的移动终端处于多个无线基站的覆盖包围之中，因此，从系统方面和用户方面考虑都必须找到一个最佳接入点（基站）。最佳接入是指信道衰落最小、损耗特性最佳、噪声干扰最小等。这就必须对终端和归属基站之间的信道特征、信号质量做连续的评估和测量，同时还要对相邻接入点的情况进行评价，并根据评价对接入点做出调整。

（二）移动通信的特点

移动通信系统包括无绳电话、无线寻呼、陆地蜂窝移动通信、卫星移动通信等。移动体之间通信联系的传输手段只能依靠无线电通信。因此，无线通信是移动通信的基础，而无线通信技术的发展将推动移动通信的发展。当移动体与固定体之间通信时，除了要依靠无线通信技术，还依赖于有线通信网络技术，例如公众电话网（PSTN）、公众数据网（PDN）、综合业务数字网（ISDN）。移动通信的主要特点如下：

1.移动通信利用无线电波进行信息传输

移动通信中基站至用户间必须靠无线电波来传送信息。然而无线传播环境十分复杂，导致无线电波传播特性一般很差，这是由于传播的电波一般是直射波和随时间变化的绕射波、反射波、散射波的叠加，造成所接收信号的电场强度起伏不定，最大可相差 20～30dB，这种现象称为衰落。另外，移动台不断运动，当达到一定速度时，固定点接收到的载波频率将随运动速度的不同产生不同的频移，即产生多普勒效应，使接收点的信号场强、振幅、相位随时间、地点而不断变化，严重影响通信的质量。这就要求在设计移动通信系统时，必须采取抗衰落措施，保证通信质量。

2.移动通信在强干扰环境下工作

在移动通信系统中，除了一些外部干扰（如城市噪声、车辆发动机噪声等），自身还会产生各种干扰。主要的干扰有互调干扰、邻道干扰及同频干扰等。因此，无论在系统设计中，还是在组网时，都必须对各种干扰问题予以充分的考虑。

（1）互调干扰

所谓互调干扰是指两个或多个信号作用在通信设备的非线性器件上，产生同有用信号频率相近的组合频率，从而对通信系统构成干扰的现象。

互调干扰是由于在接收机中使用"非线性器件"引起的。如接收机的混频，当输入回路的选择性不好时，就会使不少干扰信号随有用信号一起进入混频级，最终形成对有用信号的干扰。

（2）邻道干扰

邻道干扰是指相邻或邻近的信道或频道之间的干扰，是由于一个强信号串扰弱信号而造成的干扰。如有两个用户距离基站的位置差异较大，这两个用户所占用的信道为相邻或邻近信道时，距离基站近的用户信号较强，而远的用户信号较弱，因此，距离基站近的用户有可能对距离基站远的用户造成干扰。为解决这个问题，在移动通信设备中，使用了自动功率控制电路，以调节发射功率。

（3）同频干扰

同频干扰是指相同载频电台之间的干扰。由于蜂窝式移动通信采用同频复用的模式，这就使系统中相同频率电台之间的同频干扰成为其特有的干扰，这种干扰主要与组网方式有关，在设计和规划移动通信网时必须高度重视。

3. 通信容量有限

频率作为一种资源必须合理安排和分配。由于适于移动通信的频段仅限于 UHF 和 VHF，所以可用的通道容量是极其有限的。无线电频率作为一种资源十分有限。如果从电波传播特性、外部噪声和干扰等方面考虑，较适合于陆地移动通信的无线电频率范围是 150MHz、450MHz、900MHz 三个频段。随着移动用户的不断增加，移动通信系统已经向 1 ～ 3GHz 频段扩展。为满足用户需求量的增加，只能在有限的已有频段中采取有效利用频率的措施，如窄带化、缩小频带间隔、频道重复利用等。

4. 通信系统复杂

由于移动台在通信区域内随时都在运动，需要随机选用无线信道，进行频率和功率控制、地址登记、越区切换及漫游存取等。这就使其信令种类比固定网要复杂得多，在计费方式上也有特殊的要求，所以移动通信系统是比较复杂的。移动通信综合了各种通信技术，从无线系统（收发信机、天线及电波传播）到交换技术、计算机、组网技术等无所不包。因此，移动通信是集多种通信技术于一体的综合通信技术。

5. 对移动台的要求高

移动台长期处于不固定的位置状态，外界的影响很难预料，如尘土、振动、碰撞等，这就要求移动台在恶劣环境中能稳定可靠地工作并具有很强的适应能力。此外，还要求性能稳定可靠、携带方便、小型、低功耗等。同时，要尽量使用户操作方便，适应新业务、新技术的发展，以满足不同人群的使用，这给移动台的设计和制造带来了很大的困难。

6. 存在远近效应

当两个移动台和基站的距离不同，但以相同的频率和相同的功率发送信号时，由于接收信号点和发送信号点距离不同，会导致移动台之间出现近处移动台干扰远处移动台通信的现象，称为远近效应。因此，要求移动台的发射功率能够进行自动调整，同时由于通信距离的不断改变，移动台的收信机应有良好的自动增益控制功能。

7. 存在阴影区（盲区）

移动台进入某些特定区域，因电波被吸收或反射而导致收信设备收不到信号。

8. 组网技术复杂

在移动通信中必须允许移动终端在整个服务区内自由移动。要求交换中心必须随时确定移动终端的位置，实现越区切换和漫游等服务。所以，移动通信必须具有很强的控制功能，包括信道的建立和拆除、信道的控制和分配、用户登记和定位以及越区切换与漫游等控制。

（三）移动通信业务分类

目前，移动通信业务主要有以下 7 种：

1. 汽车调度通信

出租汽车公司或大型车队建有汽车调度台，随时在调度员与司机之间保持通信联系。

2. 公众移动电话

这是与公用市话网相连的公众移动电话网。大中城市一般为蜂窝小区制，小城市或业务量不大的中等城市常采取大区制。用户有车台和手持台两类。

3. 无绳电话

这是一种接入市话网的无线话机。它将普通话机的机座与手持收发话器之间的连接导线取消，而代之以用电磁波在两者之间建立无线连接，故称为无绳电话。一般可在 50 ~ 200m 的范围内接收或拨打电话。

4. 集群无线电话

所谓集群，是指无线电信道不是仅给某一用户群专用，而是让若干个用户群共同使用。这实际上是把若干个各自用单独频率的单工工作调度系统集合到一个基台工作。这样，原来一个系统单独用的频率现在可以为几个系统共用，故称为集群系统。

5. 无线电寻呼系统

无线电寻呼系统是一种单向通信系统，既可公用也可专用，只是规模大小有差异而已。专用寻呼系统由用户交换机、寻呼控制中心、发射台及寻呼接收机组成。公用寻呼系统由与公用电话网相连接的无线寻呼控制中心、寻呼发射台及寻呼接收机组成。

6. 卫星移动通信业务

这是把卫星作为中心转发台，各移动台通过卫星转发通信。它在海上、空中和地形复杂而人口稀疏的地区中实现移动通信具有独特的优越性，很早就引起了人们的注意。近年来，以手持机为移动终端的非同步卫星移动通信系统已涌现出多种设计及实施方案。其中，呼声最高的要算铱系统，它采用 8 轨道 66 颗星的星状星座，卫星高度为 765km。另外还有全球星系统，它采用 8 轨道 48 颗星的莱克尔星座，卫星高度约 1400km；奥德赛系统，采用 3 轨道 12 颗星的莱克尔星座，中轨，高度为 10000km；白羊系统，采用 4 轨道 48 颗星的星状星座，高度约 1000km；以及俄罗斯的 4 轨道 32 颗星的 COSCON 系统。

7. 无线 LAN/WAN

随着需求的增长和技术的发展，无线局域网的应用越来越广，它的作用不再局限于有线网络的补充和扩展，已经成为计算机网络的一个重要组成部分。

WLAN 技术是目前国内外无线通信和计算机网络领域的一大热点，并且正在成为一个新的经济增长点，对 WLAN 技术的研究、开发和应用也正在国内兴起。

（四）移动通信的工作方式

1. 按无线电通信工作方式划分

（1）单向通信方式

单向通信方式是一种最简单、最原始的通信方式，它可以以两个移动无线电台为通话对象，一个发射另一个接收。这种方式通常用在传达指令、指挥调度等方面，也可以基地台（固定台）为一方，移动台为另一方。

（2）双向通信方式

双向通信方式，是指通信双方都可以对话，基地台（移动台）和移动台都能发送和接收，如常见的对讲机。

（3）中继通信方式

中继通信方式，是指当两个用户距离较远，或者受到地形的影响，如建筑物、高山阻挡时，可通过中继转发台转发，以扩大移动通信的服务范围。

2. 按设备使用频率的方式划分

（1）单频单工方式

单频单工是指一部收发信机使用一个频率，在发射时不能接收，接收时不能发射，也就是不能同时发射与接收，所以这种方式称为单频单工方式。这种无线电台有一端按住开关，讲话时按下按住键（S键），电台即处于发射状态，对方却不能按S键，以使自己处在接收状态；同样，对方讲话也要按S键，接收方不按S键，以此完成通话。

异频单工是指电台接收和发送的工作频率具有一定的间隔。考虑到设备的制造成本也配有PPT按住键，也就是发射时按下PPT键，以发射频率进行发射；不按PPT键时则处在接收状态，以接收频率进行接收。

（2）半双工方式

移动台采用异频单工的"按住"方式，它通常处于收听状态，仅在发射时按下开关S键使发信机工作，基站是双工方式，收发信机各用一副天线。这种工作方式收发使用两个不同的频率。集群移动通信系统大多采用半双工方式。

（3）双频双工方式

是指基站、移动台双方能同时工作，一方发话的同时可以接收对方的语音，无须发话按键。基站的发射机、接收机各用一副天线，移动台通过双工器共用一副天线，天线双工器的作用是将发射信号与接收信号隔离，使发射机的输出功率通过天线双工器送到天线发送出去，同时该天线接收到对方发射的信号经过双工器送到接收机。发与收使用两个不同的频率。蜂窝移动通信就是采用的双工制。

二、电波传播及编码

（一）电波传播

由于移动通信用户是在运动中进行通信的，信号的传输和交换只能依靠无线电波。因此，无线电通信是移动通信的基础。此外，移动通信还依赖于有线通信网络技术。如公共交换电话网、公用数据网和综合业务数字网等。

移动通信技术是一种通过空间电磁波（也称无线电波）来传输信息的技术。研究无线电波的传播特性是学习移动通信技术的基础，也是设计移动通信系统的必要前提。传播特性如何直接关系到通信设备的能力、天线高度的确定、通信距离的计算以及为实现优质可靠的通信所必须采用的技术措施等一系列问题。

1.电波传播方式

移动通信电波传播的方式有：直射波、折射波、反射波、散射波、绕射波以及它们的合成波等。

直射波是指电波传播过程中没有遇到任何障碍物，直接到达接收端的电波，它主要出现于理想的电波传播环境中。反射波是指电波在传播过程中遇到比自身的波长大得多的物体时，会在物体表面发生反射而形成的电波。反射常发生于地表、建筑物的墙壁表面等。绕射波是指电波在传播过程中被尖利的边缘阻挡时，会由阻挡表面产生二次波，由于地球表面的弯曲性和地表物体的密集性，使得绕射波在电波传播过程中具有重要作用。散射波是指当电波在传播过程中遇到的障碍物表面粗糙或者体积小，但数目多时，会在其表面发生散射后形成的电波，散射波可能散布于许多方向，因而电波的能量也被分散于多个方向。

2.电波传播现象

在移动通信中，由于移动台大都处于运动状态之中，电波传播环境复杂多变，电波在传播过程中会受到各种各样的干扰和影响，因而会出现严重的电波衰落现象，这是移动通信电波传播的一个基本特点。

对于不同频段的无线电波，其传播方式和特点是不同的。在陆地移动系统中，移动台处于城市建筑群之中或处于地形复杂的区域，其天线将接收从多条路径传来的信号，再加上移动台本身的运动，使得移动台和基站之间的无线信道越发多变而且难以控制。

移动通信电波传播常常会出现各种损耗。电磁波在穿透障碍物后会产生能量损耗，称为穿透损耗。在电波传播过程中，地形的起伏、建筑物，尤其是高大树木和树叶的遮挡会产生电磁场的阴影，移动台在运动中通过不同障碍物的阴影时，就会构成接收天线场强中值的变化，从而引起衰落，这种衰落就称为阴影效应。

移动通信电波传播最具特色的现象是多径衰落，或称多径效应。由于无线电波在传输过程中会受到地形、物体的影响而产生反射、绕射、散射等现象，从而使电波沿着各种不同的路径传播，这称为多径传播。由于多径传播使得部分电波不能到达接收端，而接收端接收到的信号也是在幅度、相位、频率和到达时间上都不尽相同的多条路径上信号的合成信号，因而会产生信号的频率选择性衰落和时延扩展等现象，这些被称为多径衰落或多径效应。

频率选择性衰落是指信号中各分量的衰落状况与频率有关，即传输信道对信号中不同频率成分有不同的、随机的响应。由于信号中不同频率分量衰落不一致，因此衰落信号波形将产生失真。

时延扩展是指由于电波传播存在多条不同的路径，路径长度不同，且传输路径随移动台的运动而不断变化，因而可能导致发射端一个较窄的脉冲信号在到达接收端时变成了由许多不同时延脉冲构成的一组信号。

移动台接收信号的强度随移动台的运动产生随机变化的现象称为衰落。这种随机变化的周期从几分之一秒到数小时都有。移动通信电波传播中的衰落主要分为慢衰落和快衰落两种。慢衰落，又称长期衰落，指接收信号强度随机变化比较缓慢的衰落，具有十几分钟或几小时的长衰落周期。慢衰落通常是由电波传播中的阴影效应以及能量扩散引起的，具有对数分布的统计特性。快衰落，又称短期衰落或多径衰落，指接收信号强度随机变化较快的衰落，具有几秒钟或几分钟的短衰落周期。快衰落通常是由电波传播中的多径效应引起的，具有莱斯分布或瑞利分布的统计特性。当发射机和接收机之间有视距路径时一般服从莱斯分布，无视距路径时一般服从瑞利分布。

路径损耗是上述现象的一个综合结果，指的是信号从发射天线经无线路径传播到接收天线时的功率损耗。路径损耗的一个主要原因是电波会随着距离而扩散，从而使接收机的接收功率随着传输距离的增加而减小。路径损耗的另一个原因是地表以及地表上的各种障碍物的影响，因而，影响路径损耗的主要因素有：传输距离、天线高度等。

3.电波传播的分类

当电波频率、移动体和电波传播环境不同时，电波传播特性也不相同。在对电波传播特性进行研究时，可以根据电波的频率分为甚低频（VLF）、低频（LF）、中频（MF）、高频（HF）、甚高频（VHF）、特高频（UHF）和更高频（超高频、极高频）等几种情况。其中甚高频和特高频是目前移动通信电波传播研究工作应侧重的频段。

电波传播也可以根据移动通信系统的类型，分为陆地移动通信的电波传播、海上移动通信的电波传播、空中移动通信的电波传播和卫星移动通信的电波传播等。而陆地移动通信的电波传播又可分为自由空间电波传播、建筑物内电波传播、隧道内电波传播、小区电波传播等。

另外，还可以根据电波传播的途径，分为地波传播、空间传播、电离层传播等几种情况。

4.典型电波传播的分析

为什么要构建无线信道模型？因为移动无线传播面临的是随时变化的、复杂的环境。首先，传播环境复杂，传播机理多种多样。几乎包括了电波传播的所有过程，如直射、绕射、反射、散射。其次，由于用户台的移动性，传播参数随时变化，引起接收场强、时延等参数的快速波动。因此在设计无线通信技术或进行移动通信网络建设之前，必须对信号的传播特征、通信环境中可能受到的系统干扰等进行估计，这时的主要依据就是各种不同条件下的无线信道模型。举例来说，在移动网络规划中，如果话务量分布相同，但是建筑物、植被等情况不同，那么就必须应用不同的传播模型。

5.无线信道模型的分类

无线信道模型一般可分为室内传播模型和室外传播模型，后者又可以分为宏蜂窝模型和微蜂窝模型。

需要指出的是，由于传播环境的复杂性，不可能建立单一的模型。不同的模型是从不同传播环境的实测数据中归纳得出的，都有一定的使用范围。进行系统工程设计时，模型的选择是很重要的，有时不同的模型会给出不同的结果。因此，传播环境对无线信道的特性起着关键作用。

6. 构建传播模型

信道模型建立得准确与否关系到无线通信技术的设计是否合理，移动网络的规划是否符合实际情况，但由于不同地点的传播环境千差万别，所以很难得到准确而通用的模型。对于无线信道进行研究的基本方法有以下3种：

（1）理论分析

即用电磁场理论或统计理论分析电波在移动环境中的传播特性，并用各种数学模型来描述无线信道。构建理论信道模型首先需要将无线传播环境进行大致分类（如大城市、中小城市、郊外），然后提出一些假设条件使信道数学模型简化，进行理论分析和推导，得出理论模型。因此，数学模型对信道的描述都是近似的。即便如此，信道的理论模型对人们认识和研究无线信道仍可起到指导作用。

（2）现场实测

现场实测建立在大量实测数据和经验公式的基础之上，要选取典型环境进行电波传播实测试验。测试参数包括接收信号的幅度、延时以及其他反映信道特征的参数。对实测数据进行统计分析，可以得出一些有用的结果，从而建立经验模型。由于传播环境的多样性，现场实测一直被作为研究无线信道的重要方法。

（3）计算机模拟

计算机模拟是近年来随着计算机技术的发展新出现的研究方法。如前所述，任何理论分析，都要假设一些简化条件，而实际移动传播环境是千变万化的，这就限制了理论结果的应用范围。现场实测较为费时、费力，并且也是针对某个特定环境进行的。而计算机在硬件支持下，具有很强的计算能力，能灵活快速地模拟各种移动传播环境。因而，计算机模拟越来越成为研究无线信道的重要方法。

在实际应用中经常将以上几种方法结合使用，例如使用第二种方法得到的模型对理论推导获得的模型进行修正。

7.传播模型的输入参数

传播模型的数学描述都比较复杂，一般给出的是损耗后场强的分布函数。模型的输入参数主要有：自然地形特性、植被特性、天气状况、电磁波噪声状况、天线高度（包括接收机和发射机的天线高度）、建筑物的分布、建筑物的平均高度、载波频率、波长、收发天线之间的距离等。

（二）移动通信中的编码

1.语音编码技术

在移动通信中，传输最多的信息是语音信号，语音信号是模拟信号。语音的编码和解码就是在发送端将语音的模拟信号转换为二进制数字信号，到了接收端，再将收到的数字信号还原为模拟语音。语音编码技术在数字移动通信中具有非常关键的作用。

语音编码为信源编码。语音编码技术目前已经成为通信技术中一个很重要的学科，在各种通信网中得到了广泛应用。

移动通信对语音编码的要求如下：①编码的速率要适合在移动信道内传输，纯编码速率应低于16kb/s；②在一定的编码速率下语音质量应尽可能高，即解码后的复原语音的保真度要高；③编码和解码时延要短；④要能适应衰落信道的传输，即抗误码性能要好，以保持较好的语音质量；⑤算法的复杂程度要适中，应易于大规模电路集成。

这些要求之间往往是矛盾的。例如，要求语音质量高，编码速率就应高一些，而这往往又与信道带宽有矛盾。

语音编码主要有3种：波形编码、参量编码和混合编码。波形编码是将时间域信号直接变换为数字代码，目标是尽可能精确地再现原来的语音波形。波形编码的基本方法是抽样、量化和编码，编码速率较高时，语音质量好。波形编码技术包括脉冲编码调制（PCM）和增量调制（AM）及它们的各种改进型。波形编码广泛应用于有线通信中，在频率受限的移动通信中，单纯的波形编码已经不适合。参量编码将信源信号在频率域或其他正交变换域中提取特征参量，并将其变换为数字代码进行传输，解码是从接收信号中恢复特征参量，然后根据这些特征参量重建语音信号。参量编码可实现低速率语音编码，可压缩到2～4.8kb/s，甚至更低，但语音质量只能达到中等。线性预测编码（LPC）及其各种改进型都属于参量编码。混合编码力图保持波形编码的高质量及参量编码的低速率的优点。混合编码的语音信号中既包括若干语音特征参量，又包括部分波形编码信息，可将比特速率压缩到 4 ～ 16kb/s，并且在 8 ～ 16kb/s 的范围内能达到良好的语音质量。

2. 信道编、译码

移动通信的信道是无线信道，容易受到外界干扰和噪声的影响，导致信息在传输过程中发生改变，从而在接收端接收不到完全正确的信息。信道编码的目的是试图以最少的监督码元为代价，来检查和纠正接收信息流中的错误，从而换取最大限度可靠性的提高。

信道编码的基本思想是按一定规则给信息码元 m 增加一些多余的码元（称为监督码元），使不具有规律性的信息序列 m 变换为具有某种规律性的数字序列 R，数字序列中的信息序列码元 n 与增加的多余码元之间是相关的，接收端的译码器利用这种预知的编码规则进行译码，检验接收到的数字序列 R 是否符合既定的规则，从而发现 R 中是否有错，或者纠正其中的差错。根据相关性来发现和纠正传输过程中产生的差错就是信道编码的基本思想。

人们可以从不同的角度来对信道编码进行分类，其中最常见的是从其功能和结构规律加以分类。

从功能上分可以分为仅具有发现差错功能的检错码（如循环冗余校验 CRC、自动请求重发 ARQ）、具有自动纠正错误功能的纠错码（如 BCH 码、RS 码及卷积码、级联码、Turbo 码等）、具有既检错又能纠错功能的信道编码（如混合 ARQ）。

从结构和规律上可以分为线性码和非线性码。线性码是指其监督关系方程是线性方程的信道编码；非线性码是指一切监督关系方程不满足线性规律的信道编码。

3. 调制技术

调制是为了使信号特性与信道特性相匹配，显然，不同类型的信道特性存在着不同类型的调制方式。

移动通信信道的基本特征是：第一，带宽有限，它取决于可使用的频率资源和信道的传播特性；第二，干扰和噪声影响大，这主要是由移动通信工作的电磁环境所决定的；第三，存在着多径衰落。针对移动通信信道的特点，已调信号应具有较高的频谱利用率和较强的抗干扰、抗衰落的能力。

在移动通信中广泛采用频率调制和相位调制。主要是由于这些调制方式能够在接收场强变动较大的情况下，获得信噪比的改善，并且在实现技术上也比较成熟。但是频率调制存在接收机门限效应、占有带宽大等问题。为了在频谱有效的前提下传送更优质的信息，将窄带数字调制技术应用于移动通信的前景十分广阔。

4.分集合并技术

分集技术就是研究如何利用多径信号来改善系统的性能。它利用多条具有近似相等的平均信号强度和相互独立衰落特性的信号路径来传输相同的信息，并在接收端对这些信号按照一定的规则进行合并以便大大降低多径衰落的影响，从而改善传输的可靠性。它的基本思路是：将接收到的多径信号分离成不相关的（独立的）多路信号，即选取了一个信号的两个或多个独立的采样，这些样本的衰落是互不相关的，然后将这些信号的能量按一定的规则合并起来，使接收的有用信号能量最大。对数字系统而言，要求接收端的误码率最小；对模拟系统而言，要求接收端的信噪比较高。

（1）分集

分集技术已经有了非常广泛的应用，在窄带 CDMA 系统等都采用发端分集技术。分集方法有空间分集、时间分集、频率分集、角度分集等。

空间分集就是发送端采用一副发射天线，接收端采用多副天线。接收端天线之间的间隔要足够大，以保证每个接收天线输入信号的衰落特性是互相独立的。

时间分集就是将给定的信号按一定的时间间隔重复传送多次（N 次），只要时间间隔大于相关时间，就可以得到 N 条独立的分集支路。

频率分集就是将信息在不同的载频上分别发射出去，要求载频间的频率间隔要大于信道的相关带宽，以保证各频率分集信号在频域上的独立性，在接收端可以得到衰落特性不相干的信号。

角度分集是使电磁波通过几个不同的路径，并以不同的角度到达接收端，而接收端利用多个方向性尖锐的接收天线分离出不同方向来的信号。

（2）合并

常用的合并技术有选择式合并、最大比值合并、等增益合并等。

选择式合并就是将 M 个接收机的输出信号送入选择逻辑，选择逻辑从

M 个接收信号中选出具有最高信噪比的基带信号作为输出信号。

最大比值合并就是将 M 个分集支路经过相位调整后，按适当的增益系数同相相加，再送入检测器进行检测。

等增益合并是将各支路的信号等增益相加，它是最大比值合并的一种特殊情况。

三、移动通信组网

（一）移动通信网的体制

目前移动通信的频率主要集中在 UHF 频段。根据其电波的视距传播特性可知，一个基站发射的电磁波只能在有限的区域内被移动台接收，这个能为移动用户提供服务的范围称为无线覆盖 IX，或称为无线小区。一个大的服务区可以划分为若干个无线小区；反之，若干个无线小区彼此相连接可以组成一个大的服务区。如果再用专门的线路和设备将这些大的服务区相连接，就构成了移动通信网。一般来说，移动通信网的服务区域覆盖方式可分为两类：一类是小容量的大区制，另一类是大容量的小区制（蜂窝系统）。

1. 小容量的大区制移动通信网

大区制就是在一个服务区域（如一个城市）内只有一个或几个基站，并由基站负责与各移动台的联络和控制。

为了扩大服务区域的范围，基站天线一般架设得很高，发射机输出功率也较大（一般在 200W 左右），其覆盖半径为 30 ~ 50km。基本上可以保证在大区域范围内移动台能接收到基站发来的信号。

由于移动台电池容量有限，移动台发射机的输出功率较小，所以移动台距基站较远时，移动台可以接收到基站发来的信号（即下行信号），但基站却不一定能收到移动台发出的信号（即上行信号）。为了解决两个方向通信不一致的问题，可以在服务区域中的若干个适当的地点设立分集接收站，利用分集接收来保证在服务区内的双向通信质量。在大区制中，为了避免相互间的干扰，在服务区内的所有信道（一个信道包含收、发一对频率）的频率都不能重复，否则会产生严重的同信道干扰。因此，这种体制的频率利用率和通信容量都受到了限制，不能满足用户数量急剧增长的需要。

大区制只能适用于小容量的通信网，例如用户数在 1000 以下。这种模式的控制方式简单，设备成本低，适用于中小城市、工矿区以及专业部门，是发展专用移动通信网可选用的模式。在开展移动通信业务的初期，因为用户较少，话务量也不大，为节约初期工程投资，可按大区制设计考虑。但是从长期规划来说，为了满足用户数量的增长，提高频率利用率，就要采用小区制。

2. 大容量的小区制（蜂窝）移动通信网

小区制就是把整个服务区划分为若干个无线小区，每个小区分别设置一个基站，负责本区移动通信的联络和控制。同时设置一个移动业务交换中心，统一控制这些基站协调工作，保证每个移动用户只要在其服务区域内，不论在哪个无线小区内，都能实现小区之间移动用户通信的转接，以及移动用户与市话用户的联系。小区制（蜂窝）是解决频率不足和用户容量问题的一个重大突破。它能在有限的频谱上提供较大的容量，而不需要做技术上的重大修改。其原理是用许多小功率发射机来代替单个大功率发射机，每一个小的覆盖区只提供服务范围内一小部分覆盖。可以把服务区域分成几个小区，每个小区各设一个小功率基站，发射功率一般为 5 ~ 20W，以满足各无线小区移动通信的需要。随着用户的不断增加，无线小区还可以继续划分为微小区，以不断适应用户增长的需要。在实践中，通常用小区分裂、小区扇形化和覆盖区域逼近等技术来增大蜂窝系统的容量。小区分裂是将拥塞的小区分成更小的小区，每个小区都有自己的基站并相应地降低天线高度和减小发射机功率。由于小区分裂提高了信道复用次数，因而使系统容量有了明显提高。小区扇形化是依靠基站方向性天线来减少同信道的干扰，提高系统容量。通常一个小区划分为 3 个 120° 的扇区或 6 个 60° 的扇区。

采用小区制不仅提高了频率利用率，而且由于基站功率减小，也可以减少相互间的干扰。此外，无线小区的范围还可根据实际用户数的多少来确定，具有组网的灵活性。采用小区制最大的优点是有效地解决了信道数量有限和用户数增大之间的矛盾。但是这种模式由于将无线小区范围划小，网络结构将趋复杂；各无线小区的基站之间要进行信息交换，需要有交换设备，并且各基站至交换局都要有一个中继线，会使成本增加；在移动台通话过程中，从一个小区转入另一个小区时，移动台需要经常更换工作信道；无线小区的范围越小，通话中切换信道的次数就越多，对控制交换功能的要求就越高，所以无线小区的范围不宜过小。通常需根据用户密度或业务量的大小来确定无线小区的半径。

（二）信道的配置与选取控制

1.多信道共用技术

一个无线小区内，通常使用若干个信道。用户工作时占用信道的方式可分为独立信道方式和多信道共用方式。

若一个小区有 N 条信道，将用户也分成 N 组，每组用户分别被指定在某一信道上工作。不同组内的用户不能互换信道，即使移动用户具有多信道选择能力，也只能在规定的信道上工作。这种用户占用信道的方式称为独立信道方式。当该信道被某一用户占用时，在通话结束之前，属于该信道的所有其他用户都不能再占用该信道通话。而此时很可能其他一些信道正在空闲，这样就造成了有些信道在紧张地"排队"，而另一些信道却呈空闲的状态。显然，独立信道方式的信道利用率不高。

所谓多信道共用，就是一个小区内的 N 条信道为该小区所有用户共用。当其中一些信道被占用时，其他需要通话的用户可选择其余的任一空闲信道进行通话。因为任何一个移动用户选取空闲信道和占用信道的时间都是随机的，所有信道同时被占用的概率远小于一个信道被占用的概率。因而，多信道共用可以大大提高信道的利用率，使用户通话的阻塞率明显降低。

2.信道配置

移动通信的基站都采用多信道共用方式，由这些信道组成的一个信道组的频率配置应遵循一定的规则，以避免各种可能的干扰。为了在一个小区内容纳更多的用户，必须以一定的形式划分信道并分配给用户使用。

不论是大区制还是小区制的移动通信网，只要基站为多信道工作，都需要研究信道配置的问题。大区制单基站的通信网，根据用户业务量的多少，需设置若干个信道，这些信道应按一定的规则配置，以避免相互干扰；小区制多基站的通信网，信道的配置有更为严格的限制，信道分配中主要要解决3 个问题，即信道组的数目（群内小区数）、每个小区的信道数目和信道的频率指配。

信道的分配方法主要有两种：固定信道分配法和动态信道分配法。

（1）固定信道分配法

固定信道分配法就是将某一组信道固定配置给某一基站，这种分配方法只能适应业务分布相对固定的情况。目前的蜂窝系统普遍采用固定信道频率分配法。

固定信道分配法的优点是：各基站只需配置与所分配的信道相应的设备，其控制较为简单。但是，当一个无线区的信道全忙时，即使邻区的信道空闲也不能使用。尤其是当移动用户相对集中时，将会导致呼损率的增大。

固定信道分配方法主要有两种：分区分组配置法和等频距配置法。

分区分组配置法所遵循的原则是：尽量减小占用的总频段，以提高频段的利用率；在同一区群内不能使用相同的信道，以避免同频道干扰；小区内采用无三阶互调的相容信道组，以避免互调干扰。

等频距配置法是按等频率间隔来配置信道的，只要频距选得足够大，就可以有效地避免邻道干扰。这样的频率配置正好满足互调的频率关系，但正因为频距大，干扰易于被接收机输入滤波器滤除而不易作用到非线性器件上，这也就避免了互调的产生。等频距配置时可根据群内的小区数来确定同一信道组内各信道之间的频率间隔。

（2）动态信道分配法

事实上，移动台业务的地理分布是经常发生变化的，如早晨从住宅区向商业区移动，晚上又从商业区向住宅区移动。另外，当发生交通事故时又向某一地方集中，这时，此处的某一小区业务量增大，原来配置的信道可能就不够用了，而相邻小区业务量小，原来配置的信道可能有空闲，小区之间的信道又无法相互调剂，因此频率利用率不高，这就是固定配置信道的缺陷。为了进一步提高频率利用率，使信道的配置能随移动通信业务量地理分布的变化而变化，动态信道分配方法不是将信道固定地分配给某个无线区，而是很多无线区都可以使用同一信道。每个无线区使用的信道数是不固定的，当某一时刻业务量大时，使用的信道数就多，否则就少，从而达到增大系统容量和改善通信质量的目的。

（三）数字蜂窝移动通信的交换技术

数字蜂窝移动通信网总是通过移动业务交换中心与公用电话网互联的，因此数字蜂窝移动通信网也是一种交换式通信网。通信网上两个终端每次成功的通信都必须包括三个阶段，即呼叫建立、消息传输和释放。数字蜂窝移动通信的交换技术也包括这三个过程。但是数字蜂窝移动通信网的用户是移动的，所以在呼叫建立的过程中应首先确定用户的位置，在每次通话过程中，系统还要一直跟踪每个移动用户位置的变化。另外，数字蜂窝移动通信网为了扩大系统的通信容量，采用小区制组网技术和频率复用技术，因此在跟踪用户移动的过程中，必然会从一个无线小区越过多个无线小区，因此就会产生多次越区信道切换问题，以及不同网络间或不同系统间的切换问题。这些技术问题也称为用户移动性管理和网络移动性管理问题。数字蜂窝移动通信的移动业务交换中心除要具备公网交换设备外还要增加用户移动性管理设备，如用户位置登记（不是一次性位置登记，而是每次开机后根据网络管理的要求进行许多次登记），越区切换和网络移动性管理，如网内位置区划分、用户位置更新、用户定位、越区切换和漫游切换等。下面主要介绍呼叫建立过程和越区切换。

1. 数字蜂窝移动通信呼叫建立过程

（1）移动台主呼

移动台首先搜索专用控制信道，当获悉控制信道空闲时，即可通过此信道发出呼叫信号（包括其自身的识别号码、被呼用户号码等）。基站收到这些信号后转送至移动控制交换中心，经识别后即为移动台指配一个基站，此时空闲的信道给移动用户使用，这些信息由基站转发给移动台。同时，控制交换中心对基站的有线线路进行导通试验，若试验结果良好，即可进行其他交换处理。若被呼用户为本移动局内的用户，则直接进行交换处理；若为固定网用户，则接入固定网，此后的处理与固定网的处理相同。

（2）移动台被呼

移动控制交换中心收到受呼信号之后，经识别并确认被呼用户此时不在通话，则在该中心控制区的所有基站，通过专用控制信道一起发出呼叫信号（包括被呼移动台的识别号码和信道指配代号等）。有时可能移动台暂时未收到这个呼叫信号，因此当没有收到移动台的应答时，基站应在一段时间内多次重复发送此呼叫信号。不在通话的移动台是锁定在专用控制信道上的，当收到此呼叫信号后即判别是否呼叫本机，若判定为呼叫本机，则发出应答信号，并转入所指配的语音信道。交换控制中心收到某一基站转来的应答信号之后即停止发送呼叫信号，接通线路，开始计费。若多次呼叫仍无应答（可能被叫用户离开本服务区或未开机等），则通知主呼用户此次呼叫失败，不能建立通信。

（3）位置登记

呼叫移动用户时，应当根据被呼用户的位置进行，以免进行无效的呼叫。为此，可将整个业务区划分为若干个位置登记区。每一用户在某一位置登记区登记，称为它的归属区。各位置登记区中，都在其专用控制信道中发出地区识别号。移动台也存有其归属区的识别号。移动台进入新的基站控制区，首先要检测基站发出的地区识别号，与本机存有的地区识别号相对照，若发现自己已越区，应立即向基站发出包含有本机识别号码和归属区识别号码的位置登记信号。基站收到这个位置登记信号后即转送到控制交换中心，让其在中心存储器中改写该移动台的位置信息，并通知移动台也改写其存储的地区识别号。

（4）通话过程中的越区信道切换

通话中，基站不断对移动台的通话信道进行监测。当移动台逐渐接近该无线小区的边缘时，基站可检测到接收电平下降，应当立即上报移动交换控制中心，移动交换控制中心立即指令周围的基站开始检测该移动台信号的接收电平并上报。移动交换控制中心判定接收电平最高的基站为移动台进入的小区，随机选取该小区的空闲无线信道，经试验确认线路良好之后，则令移动台从原小区的无线语音信道切换到新小区的无线语音信道进行通信，同时原小区的通话信道切断，转为空闲信道，新小区的指配信道供移动用户使用。这样就完成了通话中的信道切换，全部操作是在移动台用户没有觉察、不影响正常通话的情况下完成的。

2. 越区切换

越区切换是指将正在进行的移动台与基站之间的通信链路从当前基站转移到另一个基站的过程，又称过区切换。通常发生在移动台从一个基站覆盖的小区进入到另一个基站覆盖的小区的情况下。

越区切换可以分为两大类：一类是硬切换，另一类是软切换。硬切换是"先断开，后连接"，即在新的连接建立以前，先中断旧的连接。而软切换则是"先连接，后断开"，既维持旧的连接，又同时建立新的连接，并利用新、旧链路的分集合并改善通信质量，即与新基站建立可靠的连接之后再中断旧链路。在越区切换时，可以仅以某个方向（上行或下行）的链路质量为准，也可以同时考虑双向链路的通信质量。

研究越区切换的主要性能指标有：越区切换的失败概率、因越区失败而使通信中断的概率、越区切换的速率、越区切换引起的通信中断的时间间隔以及越区切换发生的时延等。

（1）越区切换的准则

通常是根据移动台接收的平均信号强度、移动台的信噪比、误比特率等参数来决定何时需要进行越区切换。常用的准则有以下4种：

①相对信号强度准则。在任何时间都选择具有最强接收信号的基站。这种准则的缺点是会引发很多不必要的越区切换。

②具有门限规定的相对信号强度准则。仅允许移动用户在当前基站的信号低于某一门限，且新基站的信号强于本基站的信号时，才进行越区切换。

③具有滞后余量的相对信号强度准则。仅允许移动用户在新基站的信号强度比原基站信号强度大很多时才进行越区切换。该技术可以防止由于信号波动引起的移动台在两个基站之间的来回重复切换，即"乒乓效应"。

④具有滞后余量和门限规定的相对信号强度准则。仅允许移动用户在当前基站的信号电平低于规定门限，并且新基站的信号强度高于当前基站一个给定的滞后余量时进行越区切换。

（2）越区切换的控制策略

越区切换控制包括两个方面：一个是越区切换的参数控制，另一个是越区切换的过程控制。参数控制前面已经介绍过，下面主要介绍过程控制。在移动通信系统中，过程控制的方式主要有以下3种：

①移动台控制的越区切换。在这种方式中，移动台连续监测当前基站和其他候选基站的信号强度和质量。当满足某种越区切换准则时，移动台选择具有可用业务信道的最佳候选基站，并发送切换请求。

②网络控制的越区切换。在这种方式中，基站监测来自移动台的信号强度和质量，当信号强度低于某个门限时，网络开始安排向另一个基站的越区切换。网络要求移动台周围的所有基站都监测该移动台的信号，并把监测结果报告给网络。网络从这些基站中选择一个基站作为越区切换的新基站，把结果通过旧基站通知移动台和新基站。

③移动台辅助的越区切换。在这种方式中，网络要求移动台监测其周

围基站的信号质量并把结果报告给旧基站，网络根据监测结果决定何时进行越区切换以及切换到哪一个基站。

第三节 现代数字微波通信技术

一、数字微波通信概述

（一）数字微波通信概念

1. 微波的频率

频率在 300MHz ~ 300GHz（波长为 1mm ~ 1m）范围内的电磁波称为微波，分米波、厘米波、毫米波，统称为微波，微波和光波都是由电场和磁场组成的，只是频段不同。由于各波段的传播特性不同，因此可用于不同的通信系统。例如中波主要沿地面传播，绕射能力强，适用于广播和海上通信；短波具有较强的电离层反射能力，适用于环球通信；超短波和微波绕射能力差，可用于视距或超视距中继通信。

2. 微波通信

利用微波作为传输媒介的通信方式称为微波中继通信。由于微波具有与光波相似的沿直线传播的特性，通常只能在两个没有障碍的点间（视线距离内）建立点对点通信，故称为视距通信。如要在超视距的两个点或多点间建立微波通信，必须采用中继方式。为此，可采用多个微波接力站实现中继，或采用对流层的散射实现中继，或采用卫星实现微波中继。

显然，微波通信是指利用微波波段的电磁波作为载波进行通信的一种通信的方式，而数字微波通信则是指利用微波频段的电磁波传输数字信息的一种通信的方式。微波通信只是将微波作为信号的载体，与光纤通信中将光作为信号传输的载体相类似。简单地说，光纤通信系统中的发射模块和接收用的光电检测模块类似于微波通信中的发射和接收天线，只是微波信道是一种无线信道，相比于光纤，传输特性要复杂一些。

3. 微波通信的常用频段

微波既是一个很高的频率，同时也是一个很宽的频段，在微波通信中所使用的频率范围一般在 1 ~ 40GHz。

4. 微波通信的起源和发展

微波技术由于具有通信容量大、投资费用省、建设速度快、安装方便和相对成本低、抗灾能力强等优点而得到迅速发展。20世纪40年代到50年代产生了传输频带较宽、性能较稳定的模拟微波通信，成为长距离大容量地面干线无线传输的主要手段，其传输容量高达2700路，而后逐步进入中容量乃至大容量数字微波传输。20世纪80年代中期以来，随着同步数字序列（SDH）在传输系统中的推广使用，数字微波通信进入了重要的发展时期。目前，单波道传输速率可达300Mbit/s以上，为了进一步提高数字微波系统的频谱利用率，使用了交叉极化传输、无损伤切换、分集接收、高速多状态的自适应编码调制解调等技术，这些新技术的使用将进一步推动数字微波通信系统的发展。因此，数字微波通信和光纤通信、卫星通信一起被称为现代通信传输的三大支柱。

5. 微波通信系统的分类

根据所传基带信号的不同，微波通信系统可以分为如下两大类：

（1）模拟微波通信系统

模拟微波通信系统采用频分复用（FDM）方式来实现多个话路信号的同时传输，合成的多路信号再对中频进行调频。因此，最典型的微波通信系统的制式为FDM-FM。模拟微波通信系统主要传输电话和电视信号，石油、电力、铁道等部门常建立专线，传输本部门内部的遥控、遥测信号和各种业务信号。

（2）数字微波通信系统

在数字微波通信系统中，模拟的语言和视频信号首先被数字化，然后采用数字制式的方式，通过微波载波进行传输。为了扩大传输容量和提高传输效率，数字微波通信系统通常要将若干个低次群数字信号以时分复用（TDM）的方式合成为一路高速数字信号，然后再通过宽带信号传输。

（二）数字微波通信的特点及应用

1. 微波通信的主要特点

（1）微波频段频带宽，传输容量大

微波频段有近300GHz的带宽，占据了分米波、厘米波和毫米波三个波段，通信的容量比较大。

（2）适于传输宽频带信号

与短波、甚短波通信设备相比，在相同的相对通频带下，载频越高，通频带越宽。例如，相对通频带1%，当载频为4MHz时，通频带为40kHz；而当载频为4GHz时，通频带为40MHz。因此，一套短波通信设备一般只能容纳几条线路，而一套微波通信设备可容纳成千上万条线路同时工作。

（3）天线的增益高，方向性强

由于微波的波长很短，因此很容易制成高增益天线。另外，微波频段的电磁波具有近似光波的特性，因而可以利用微波天线把电磁波聚集成很窄的波束，制成方向性很强的天线。

（4）外界干扰小，通信线路稳定

电干扰、工业噪声和太阳黑子的变化对短波和频率较低的无线电波影响较大，而微波频段频率较高，不易受以上外界干扰的影响，通信的稳定性和可靠性能够得到保证。而且，微波通信具有良好的抗灾性能，对水灾、风灾以及地震等自然灾害，微波通信一般都不受影响。

（5）采用中继传输方式

微波波段的电磁波频率很高，波长较短，在自由空间传播时是直线传播的，就像视线一样。因此，微波波段的电磁波在视距范围内沿直线传播，其绕射能力很弱，考虑到地球表面的弯曲，其通信距离一般只有40～50km。正因为如此，在一定天线高度的情况下，为了克服地球的凸起而实现远距离通信就必须在视距传输的极限距离之内设立一个中继站，中继站会把信号传往下一个中继站，这样信号就可以一站一站地传输下去。

2. 数字信号微波传输的主要特点

数字微波通信既具有数字通信的特点，又具有上述微波通信的特点。由于传输的是数字信号，所以数字微波通信系统具有的特点包括：①抗干扰能力强，线路噪声不会积累；②便于加密，保密性强；③终端设备采用大规模集成电路，所以设备的体积小，重量轻，功率低。

3. 数字微波通信系统的应用

与光纤通信和卫星通信这两种传输手段相比，微波通信具有组网灵活、建设周期短、成本低等优点，特别适合在山区、铁路等铺设光缆不便的地方使用，目前主要应用在四个方面：

（1）干线光纤传输的备份及补充

点对点的 SDH 微波、PDH 微波主要用于干线光纤传输系统在遇到自然灾害时的紧急修复，以及由于种种原因不适合使用光纤的地段和场合。

（2）农村、海岛等边远地区和专用通信网

农村、海岛等边远地区和专用通信网中为用户提供基本业务的场合可以使用微波点对点、点对多点系统，微波频段的无线用户环路也属于这一类。

（3）城市内的短距离支线连接

如移动通信基站之间、基站控制器与基站之间的互联、局域网之间的无线联网等，既可使用中小容量点对点微波，也可使用无须申请频率的微波数字扩频系统。

（4）宽带无线接入

作为宽带固定无线接入系统的代表，LMDS（本地多点分配业务）技术已日益成熟。LMDS 是 20 世纪 90 年代发展起来的一种宽带无线接入技术，能够在 3 ~ 5km 的范围内，以点对多点的广播信号传送方式，传输话音、视频和图像等多种宽带交互式数据及多媒体业务，速率可达 155Mbit/s。与光纤等有线接入手段相比，LMDS 具有建设成本低、项目启动快、建设周期短、维护费用低等诸多优势。

二、微波的传输特性

（一）自由空间的电波传播

微波的传输特性如同光波，在传播的路径上没有阻挡时，绕射现象可以忽略不计，因而是一种"视距"传播。与利用电磁波的绕射现象或利用对流层或电离层散射现象进行"超视距"传播相比，视距微波通信的传播特性稳定，外界干扰比较小。

为了简化电波传播的计算，通常假定微波在大气中的传播条件为自由空间。所谓自由空间是指充满理想介质的无限空间。在这个空间里电波不受阻挡、反射、折射、绕射、散射和吸收。电波在自由空间传播时，其能量会因扩散而衰减，这种衰减称为自由空间传输损耗。

（二）微波天线的主要特性

无线电发射机输出的射频信号功率，通过馈线（电缆）输送到天线，由天线以电磁波的形式辐射出去。电磁波到达接收地点后，由天线接收下来

（仅仅接收很小的一部分功率），并通过馈线送到无线电接收机。可见，天线是发射和接收电磁波的一个重要的无线电设备，没有天线也就没有无线电通信。天线对于无线电通信起着举足轻重的作用，如果天线选择（类型、位置）不好，或者天线的参数设置不当，就会直接影响通信质量。

1. 天线的方向性

发射天线有两种基本功能：①把从馈线取得的能量向周围空间辐射出去；②把大部分能量朝所需的方向辐射。根据天线的方向性可将天线分为全向天线和方向性（或定向）天线。全向天线在水平方向图上表现为360°均匀辐射，也就是平常所说的无方向性，在垂直方向图上表现为有一定宽度的波束。一般情况下，波瓣宽度越小，增益越大。定向天线在水平方向图上表现为一定角度范围的辐射，也就是平常所说的有方向性，在垂直方向图上表现为有一定宽度的波束。与全向天线一样，波瓣宽度越小，增益越大。

2. 波瓣宽度

方向图通常都有两个或多个瓣，其中辐射强度最大的瓣称为主瓣，其余的称为副瓣或旁瓣。在主瓣最大方向角两侧，辐射强度降低3dB的两点间的夹角就是波瓣宽度（又称为波束宽度、主瓣宽度或半功率角）。波瓣宽度越窄，方向性越好，作用距离越远，抗干扰能力越强。

3. 天线增益

天线增益是指在输入功率相等的条件下，实际天线与理想的球形辐射单元在空间同一点处所产生的信号的功率密度之比。它定量地描述了一个天线把输入功率集中辐射的程度。增益显然与天线方向图有密切的关系，方向图主瓣越窄，副瓣越小，增益越高。可以这样来理解增益的物理含义——为在相同距离上某点产生相同大小信号所需发送信号的功率比。表征天线增益的参数为 dBi。

4. 天线的极化

所谓天线的极化，就是指天线辐射时形成的电场强度方向。当电场强度方向垂直于地面时，此电波就称为垂直极化波；当电场强度方向平行于地面时，此电波就称为水平极化波。由于电波的特性，水平极化传播的信号在贴近地面时会在大地表面产生极化电流，极化电流因受大地阻抗影响产生热能而使电场信号迅速衰减，而垂直极化方式则不易产生极化电流，从而避免了能量的大幅衰减，保证了信号的有效传播。

第四节 现代卫星通信技术

一、卫星通信原理

（一）概述

1. 卫星通信的基本概念

卫星通信是指利用人造地球卫星作为中继站转发无线电信号，在两个或多个地面站之间进行的通信。

卫星的无线波束覆盖了全部通信站所在的地域，各通信站天线均指向卫星，这样各站都可以通过卫星转发来进行通信。

由于卫星通信所用频率处于微波频段，所以卫星通信可以说是一种特殊的微波通信。在进行通信的过程中所使用的中继站是通信卫星，地球上的设备称为地球站，地球站和地球站的互通都是通过在太空中的卫星来转发信息。显然，在卫星通信中所使用的信息形式仍然是无线电波在自由空间中传播。

卫星通信是一种新的现代化的通信方式，它是在空间技术和微波通信技术的基础上发展起来的。利用人造地球卫星做中继站来转发微波信号，可使远距离的两个或两个以上的地面站之间不仅能够传输多路电报和电话，而且能够传输高质量电视、高速数据和传真。

卫星通信作为一种远距离通信方式已经存在了半个多世纪。目前，无论是国际通信、国内通信，还是国防通信和广播电视等领域，卫星通信都得到了广泛应用。卫星通信有它突出的优点，特别是在通信不发达地区、人口稀少地区、边远山区、沙漠地区、江河湖泊地区及海岛等不易建立其他通信方式的地区，卫星通信具有其他通信手段不可替代的作用。

2. 卫星通信的工作频段

由于卫星处于电离层之外的外层空间，而微波频率能够较容易地穿透电离层，所以卫星通信频率一般工作在微波频段，并且要求电波的传播损耗要尽可能地小。

在微波频段 $0.3 \sim 10\text{GHz}$ 范围内电波损耗最小，比较适合于电磁波穿出大气层传播，基本上可以把电波看作是在自由空间传播，因此称此频率段为"无线电窗口"，目前在卫星通信中应用最多。

除了这个频段之外，在30GHz附近也有一个衰减比较小的低谷，损耗相对较小，常称此频段为"半透明无线电窗口"。

早期卫星通信应用的频段大多是C和Ku频段，但随着卫星通信业务量的急剧增加，这两个频段都已经显得特别拥挤，所以必须开发更高的频段。早在20世纪80年代初，西方发达国家就已经开始了有关Ka频段的开发工作，Ka频段的工作带宽是3～4GHz，远大于Ku频段。一颗Ka频段卫星提供的通信能力能够达到一颗Ku频段卫星通信能力的4倍以上。目前，国际上大多数卫星系统都运行在Ka频段上。

（二）卫星通信的特点及其在技术上存在的问题

1. 卫星通信的特点

卫星通信在无线电通信的历史上掀开了崭新的一页，成为现代化的通信手段之一。与其他通信方式相比，卫星通信具有其独特的特点。

（1）通信距离远，覆盖面积广，建站成本与通信距离无关

一个卫星通信系统中的各地球站之间是靠卫星连接的。由于卫星处于离地球几百、几千甚至几万公里的高度，因此在卫星能够覆盖到的范围内，通信成本与距离无关。只要这些地球站与卫星间的信号传输满足技术要求，通信质量便有了保证，地球站的建设经费不因通信站之间的距离远近、两个通信站之间地面上的自然条件的恶劣程度而变化。这在远距离通信上具有明显的优势。

在卫星通信中，信号能够传递到自然条件恶劣、地理环境复杂的边远山区和高原地区，基本不存在信号固点。作为陆地移动通信的扩展和延伸，卫星通信系统对航空、航海用户及缺乏地面通信基础设施的偏远地区用户具有重要的意义。

（2）具有独特的广播特性，组网灵活，容易实现多址连接

卫星通信系统类似于一个多发射台的广播系统，每个有发射机的地球站都可以发射信号，在整个卫星覆盖区内都可以收到广播信号，可以通过接收机选出所需要的某一个发射台的信号。因此，只要地球站同时具有收信机和发信机，就可以在地球站之间建立通信连接，这种能同时实现多方向、多

地点通信的能力，称为多址连接。应该说这个特点是卫星通信系统最突出的优点，它为通信网络的组成提供了高效率和灵活性。

（3）通信容量大，能传送的业务类型多

由于射频采用微波波段，可供使用的频带很宽，加上星上能源和卫星转发器功率的保证越来越充分，随着新体制、新技术的不断发展，卫星通信容量越来越大，传输的业务类型也越来越多。

（4）可以自发自收和进行监测

由于地球站以卫星为中继站，卫星将系统内所有地球站发来的信号转发回地面，因此进入地球站接收机的信号中，一般包含本站发出的信号，从而可以监测本站所发信号是否正确传输，以及传输质量的优劣。

2. 技术上存在的问题

由于卫星通信具有以上特点，也在技术上带来了一些新的问题：

（1）需要采用先进的空间电子技术

由于卫星与地球站的距离远，电磁波在空间中的损耗很大，因此需要采用高增益的天线、大功率发射机、低噪声接收设备和高灵敏度调制解调器等。而且空间的电子环境复杂多变，系统必须要承受高低温差大、宇宙辐射强等不利条件，因此卫星设备的材料必须是特制的。

（2）需要解决通信时延较长的问题

电磁波以光速在自由空间传播，在静止卫星通信系统中，卫星与地球站之间相距约 4 万公里，发送端信号经卫星转发到接收端，传输时延可达 270ms。因为两个站的用户信号都必须经过卫星，因此打电话者要得到对方的回话，必须额外等待 540ms。中低轨道卫星的传输时延较小，但也有 100ms 左右。对某些业务来说，必须采取措施解决时延带来的影响。

（3）要圆满实现多址连接，必须解决多址技术的问题

通信卫星的广播式工作为多址连接提供了可能性，但是，要将其变为现实，必须解决多址技术问题，即接收站如何识别和选出发给自己的信号。这要求发射站发射的信号或传输手段必须具有区别于其他站的某种特征。

（4）要保证卫星能高度稳定、可靠地工作

卫星处于离地球数万公里之外，卫星上组装有成千上万个电子和机械器件，任何一个发生故障都可能引起通信卫星的失效，导致整个卫星通信系

统瘫痪。因此，在卫星上使用的器件都需要进行大量的寿命与可靠性试验。即便如此，一颗卫星的稳定运行时间也仅为 7 年左右。

（5）存在日凌中断现象

当卫星运行到太阳和地球站之间时（例如，每年的春分或秋分前后数日，太阳、地球和卫星将运行到一条直线上），地球站的天线不仅对准卫星，也正好对着太阳。

地球站在接收卫星下行信号的同时，也会接收到大量的频谱很宽的太阳噪声，从而使接收信噪比大幅下降，严重时甚至噪声完全淹没信号，导致通信中断，这种现象称为日凌中断现象。此外，还要解决星蚀、地面微波系统与卫星通信系统之间的相互干扰等问题，这些都会导致卫星通信系统不能稳定地工作。

（三）通信卫星的分类和运行轨道

1. 通信卫星的分类

在卫星通信中很重要的一个设备就是作为中继站的卫星。通信卫星从不同的角度可以划分为不同的种类。

（1）按卫星离地面的高度来划分

①低轨道卫星

卫星轨道小于 1000km。

②中轨道卫星

卫星轨道在 10000 ～ 15000km。

③高轨道卫星

卫星轨道大于 20000km。

（2）按照结构的不同来划分

①无源卫星

指卫星仅对信号进行转发，而不对接收到的信号进行处理。

②有源卫星

所谓的有源卫星是指卫星上装有电子设备，可以将地球站发送过来的信号进行放大和进一步处理，然后再返送回其他的地球站，这种有增益的可以对信号进行处理的中继站就称为有源卫星。

（3）按卫星的运转与地球自转是否同步来划分

①静止卫星

当卫星的运行轨道在赤道平面内，其高度大约为35800km时，它的运动方向与地球自转的方向相同，围绕地球一周的公转时间大约为24小时，和地球自转的周期相等，从地球上看上去，卫星如同静止的一样，所以称为静止卫星，也叫同步卫星。利用静止卫星作为中继站组成的通信系统称为静止卫星通信系统，或同步卫星通信系统。

②运动卫星

卫星运行周期不等于(通常小于)地球自转周期，其轨道倾角、轨道高度、轨道形状（圆形或椭圆形）可因需要而不同。从地球上看，这种卫星以一定的速度在运动，故称为运动卫星，也称为非同步卫星。

2.卫星运动的轨道

人造地球卫星除了受太阳、月亮、外层大气等因素的影响，最主要的是受地球重力的吸引。卫星之所以能保持在高空不会坠落，是因为它以适当的速度绕地球不停地飞行。要使人造卫星围绕地球做圆周运动，就要使卫星飞行的离地加速度所形成的离心力等于地球对卫星的引力。

二、卫星通信的组成

卫星通信系统因传输的业务不同，组成也不尽相同。一般的卫星通信系统主要由空间段和地面段两部分组成。上行链路是指从地球站到卫星之间的通信链路；下行链路是指从卫星到地球站之间的通信链路。卫星通信系统是由空间部分（通信卫星）和地面部分（通信地面站）两大部分构成的。在这一系统中，通信卫星实际上就是一个悬挂在空中的通信中继站，只要在它的覆盖范围内，不论距离远近都可以通信，通过它转发和反射电报、电视、广播和数据等无线信号。

（一）空间段

空间段主要以空中的通信卫星为主体，由一颗或多颗通信卫星构成，在空中对接收到的信号起中继放大和转发作用。每颗通信卫星都包括天线分系统、通信分系统、电源分系统、跟踪、遥测与指令分系统、控制分系统几个部分。

1. 天线分系统

通信卫星上的天线要求体积小、重量轻、馈电方便、便于折叠和展开等，其工作原理、外形等，都与地面上的天线相同。卫星天线分为遥测指令天线和通信天线两类。遥测指令天线通常使用全向天线，主要用于卫星发射上天、进入轨道前后向地面发射遥测信号和接收地面控制站来的指令信号。通信天线是通信卫星上最主要的天线，即通信用的微波天线。微波天线是定向天线，要求天线的增益尽量高，以便增大天线的有效辐射功率。微波天线根据波束宽度不同，可以分为三类：全球波束天线、点波束天线和区域波束天线。

2. 通信分系统

（1）透明转发器

透明转发器收到地面发来的信号后，除进行低噪声放大、变频、功率放大外，不做任何加工处理，只是单纯地完成转发任务。

（2）处理转发器

处理转发器除进行信号转发外，还具有处理功能。卫星上的信号处理功能主要包括：对数字信号进行解调再生，使噪声不会积累；在不同的卫星天线波束之间进行信号交换；进行其他更高级的信号变换和处理。

3. 电源分系统

卫星上的电源除要求体积小、重量轻、效率高和可靠性好外，还要求电源能在长时间内保持足够的输出。

通信卫星所用电源有太阳能电池、化学电池和原子能电池。化学电池大都采用镍镉蓄电池与太阳能电池并接，在非星蚀期间蓄电池充电，星蚀时，蓄电池供电保证卫星继续工作。

4. 跟踪、遥测与指令分系统

（1）遥测设备

遥测设备是用各种传感器和敏感元件等不断获得有关卫星姿态及星内各部分工作状态等数据，经放大、多路复用、编码、调制等处理后，通过专用的发射机和天线发给地面接收站。指令分系统接收并检测出卫星发来的遥测信号，转送给卫星监控中心进行分析和处理，然后通过指令分系统向卫星发出有关姿态和位置校正、星内温度调节、主备用部件切换、转发器增益换挡等控制指令。

（2）指令设备

指令设备专门用来接收指令分系统发给卫星的指令，进行解调与译码后，一方面将其暂时储存起来，另一方面又经遥测设备发回地面进行校对，指令分系统在核对无误后发出"指令执行"信号，指令设备收到后，才将储存的各种指令送到控制分系统，使有关的执行机构正确完成控制动作。

5.控制分系统

控制分系统主要是用来对卫星的姿态、轨道位置、各分系统工作状态等进行必要的调节与控制。控制分系统由一系列机械的或电子的可控调整装置组成，如各种喷气推进器、驱动装置、加热及散热装置、开关等，在指令分系统指令的控制下完成对卫星的姿态、轨道位置、工作状态、主备用部件切换等各项调整。

（二）地面段

地面段包括所有的地球站，这些地球站通常通过地面网络连接到终端用户设备。地球站一般由天线系统、发射系统、接收系统、通信控制系统、终端系统和电源系统六部分组成。首先，地球网络或在某些应用中来自用户的信号，通过适当的接口送到地球站，经基带处理器变换成规定的基带信号，使它们适于在卫星线路上传输；然后，送到发射系统，进行调制、变频和射频功率放大；最后，通过天线系统发射出去。通过卫星转发器转发下来的射频信号，由地球站的天线系统接收下来，首先经过其接收系统中的低噪声放大器放大，然后由变换器变换到中频，解调之后发给本地地球站基带信号，再经过基带处理器通过接口转移到地面网络。控制系统主要是用来监测整个地球站的工作状态，并迅速进行自动转换。

第三章 数字技术

第一节 数字技术的起源与优势

一、数字技术的起源

人们从自然界获得的信息有多种表达形式：语言、文字、图片和视频等，在处理这些信息时，人们首先要把它们转换成系统中的信号。

（一）信号的分类

常用的信号可以分为以下几种：

（1）连续时间信号。信号的幅值可以是连续的，也可以是离散的。

（2）模拟信号。连续时间信号的一种特例，如果时间是连续的，幅值也是连续的。

（3）离散时间信号。如果时间是离散的，那么幅值是连续的，或称为序列。

（4）数字信号。如果时间是离散的，那么幅值是量化的。

（二）系统的分类

处理信号的物理设备称为系统。常用的系统可以分为以下几类：

（1）模拟系统。如果系统处理的是模拟信号，输入与输出都是连续时间、连续幅值信号。

（2）连续时间系统。如果系统处理的是连续时间信号，输入与输出都是连续时间信号。

（3）离散时间系统。如果系统处理的是离散时间信号，输入与输出都是离散时间信号。

（4）数字系统。如果系统处理的是数字信号，输入与输出都是数字信号。

（三）模拟信号的误差积累

许多人做过一个简单的游戏：第一个人跟第二个人说一句话，第二个人再传给第三个人，以此类推，传到最后一个人时，原来的那句话常常会发生很多改变。主要原因如下：

（1）语言是模拟信号，在每一次传输的过程中都有可能发生误差，引起所传输话语的部分改变。

（2）模拟信号有误差积累效应，在每一次传输的过程中误差不断积累，直至最后，整句话可能发生了很多改变。

这就是模拟信号的误差积累。

（四）数字信号的纠错能力

（1）同样的传输条件，数字信号也可能发生误差，引起某次传输结果的差错。

（2）数字信号可以采用纠错编码，系统会自动检测出错误，然后自动纠错，改正后继续往后传送，所以采用纠错编码的数字信号传输没有误差积累。

（3）这样，经过 N 次传送，最后的误码只相当于一次传送。

这就是数字信号的纠错能力。

（五）综合业务数字网

对于模拟信号来说，不同的信号形式，比如语音、文字、图像、视频，需要不同的处理系统。

如果把各种模拟信号统统转换成数字信号，就可以使用同一个系统来处理了，这就是综合业务数字网诞生的初衷。

因此，数字技术得到了普遍使用，我们已经进入了数字时代。

（六）模拟信号的数字化处理

由于许多科学与工程问题中需要处理的是模拟信号，因此我们首先需要讨论模拟信号的数字化处理。

（1）把模拟信号变换为数字信号。

（2）用数字技术进行处理。

（3）再还原成模拟信号。

二、数字技术的主要优点

数字技术有很多优点，下面我们主要从数字信号处理、数字通信系统两个方面介绍数字技术的优点。

（一）数字信号处理的优点

1. 灵活性高

数字信号处理系统的性能取决于系统参数，这些参数存储在存储器中，很容易被改变。通过改变系统参数，可以很容易地改变系统性能，甚至可以通过系统参数的改变，把系统变成另外一种完全不同的系统。

2. 利用率高

数字系统可以采用时分复用（TDM）技术，即使用一套数字系统分时处理几路信号，可以大大提高系统的利用率。

3. 精度高

模拟系统的精度由元器件决定，模拟元器件的精度很难达到 10^{-3} 以上，而数字系统只要采用 14 位字长就可以达到 10^{-4} 的精度。如果使用超大规模集成的数字信号处理器（DSP）芯片，运算位数可以提高到 16、32 或 64 位。因此，在高精度系统中，有时只能采用数字系统。

4. 可靠性高

数字系统的特性是不易随使用条件的变化而变化。由于使用的是超大规模集成的 DSP 芯片，设备简单，提高了系统的稳定性和可靠性。

5. 易于大规模集成

由于数字部件具有高度的规范性，对电路参数要求不严，因此便于大规模集成、大规模生产。由于采用了大规模集成电路，数字系统具有体积小、重量轻、成本低、可靠性强等特点，这也是 DSP 芯片发展迅速的原因之一。

6. 性能指标高

由于数字系统可以方便地对数字信号进行存储和运算，系统可以获得高性能指标。例如，对信号进行频谱分析，模拟频谱仪在频率低端只能分析到 10Hz 以上的频率，而且难以实现高分辨率。但在数字系统中，模拟频谱已经可以实现 10^3Hz 的频谱分析。

由于数字信号处理的突出优点，它在通信、雷达、遥感、电视、语音处理、地震预报和生物医学等许多领域得到了广泛应用。

（二）数字通信系统的优点

与模拟通信系统相比，数字通信系统有以下主要优点：

1.频谱利用率高，有利于提高系统容量

数字通信系统采用高效的信源编码技术、高频谱效率的数字调制解调技术、先进的信号处理技术、多址方式以及高效动态资源分配技术等，可以在不增加系统带宽的条件下增加系统同时通信的用户数。

2.能提供多种业务服务，提高通信系统的通用性

数字系统传输的是1、0形式的数字信号。语音、图像、音乐或数据等数字信息在传输和交换设备中的表现形式都是相同的，信号的处理和控制方法也是相似的，因而用同一设备来传送任何类型的数字信息都是可能的。

利用单一通信网络来提供综合业务服务正是未来通信系统的发展方向。

3.抗噪声、抗干扰和抗多径衰落的能力强

数字通信系统可以采用纠错编码、交织编码、自适应均衡、分集接收和扩频技术等，控制任何干扰和不良环境产生的损害，使传输差错率低于规定的阈值，提高通信系统的可靠性。

4.能实现更有效、灵活的网络管理和控制

数字通信系统可以设置专门的控制信道用来传输指令信息，也可以把控制指令插入业务信道的比特流中，进行控制信息的传输，因而便于实现多种可靠的控制功能。

5.便于实现通信的安全保密

数字通信系统可以采用加密编码，把容易理解的传输信息改变成难以理解的数字信号，有利于提高传输信号的安全性。

第二节 模数变换

一、模数变换的概念

由于数字技术具有诸多优点，所以通信技术的发展方向是数字通信系统，比如数字电视、数字手机等。

自然界的许多信息都是模拟量，比如电话、电视等，其信源输出的都是模拟信号。若要利用数字通信系统传输模拟信号，一般需要三个步骤：

（1）把模拟信号数字化，即模数（A/D）变换。

（2）进行数字方式传输。

（3）把数字信号还原为模拟信号，即数模（D/A）变换。

由于电话业务在通信中占有最大的业务量，因此下面我们就以语音编码为例，介绍模拟信号数字化的有关概念。

二、模拟信号数字化方法的分类

模拟信号数字化的方法大致可以分为两类。

（一）波形编码

波形编码是直接把时域波形变换为数字代码序列，比特率通常在 16 ~ 64 kb/s 的范围内，接收端重建（恢复）信号的质量好。

（二）参量编码

参量编码是利用信号处理技术提取语音信号的特征参量，再变换成数字代码，其比特率在 16 kb/s 以下，但接收端重建信号的质量不够好。

首先对模拟信息源发出的模拟信号进行抽样，使其成为一系列离散的抽样值，然后将这些抽样值进行量化并编码，变换成数字信号。这时信号便可用数字通信方式传输。在接收端，将接收到的数字信号进行译码和低通滤波，恢复原模拟信号。

三、抽样

（一）抽样的概念

抽样就是把在时间上连续的模拟信号变成一系列时间上离散的抽样值的过程。这是模数变换的第一步。

为了重建原模拟信号，抽样需要满足抽样定理。

（二）抽样定理

抽样定理的大意是：如果对一个频带有限的、时间连续的模拟信号抽样，当抽样速率达到一定的数值时，那么根据它的抽样值就能重建原信号。

也就是说，若要传输模拟信号，不一定要传输模拟信号本身，只需传输按抽样定理得到的抽样值。

因此，抽样定理是模拟信号数字化的理论依据。

（三）抽样的分类

（1）根据抽样信号的通带类型，可以分为低通抽样和带通抽样。低通抽样对应低通信号，带通抽样对应带通信号。

（2）根据用来抽样的脉冲序列的间隔不同，可以分为均匀抽样和非均匀抽样。均匀抽样对应等间隔脉冲序列，非均匀抽样对应不等间隔脉冲序列。

（3）根据抽样的脉冲序列的类型不同，又可分为理想抽样和实际抽样。理想抽样对应冲击序列，实际抽样对应非冲击序列。

四、脉冲调制

脉冲调制就是以时间上离散的脉冲串作为载波，用模拟基带信号 m（t）去控制脉冲串的某个参数，使其按 m（t）的规律变化的调制方式。

（一）脉冲调制的分类

通常按基带信号改变脉冲参量（幅度、宽度和相位）的不同把脉冲调制分为以下三种：

（1）脉冲振幅调制

变化的一种调制方式。

（2）脉冲宽度调制

变化的一种调制方式。

（3）脉冲相位调制

变化的一种调制方式。

（二）脉冲编码调制

脉冲编码调制（PCM）简称脉码调制，它是一种用一组二进制数字代码来代替连续信号的抽样值从而实现通信的方式。

由于这种通信方式抗干扰能力强，它在光纤通信、数字微波通信和卫星通信中均获得了极为广泛的应用。

脉冲编码调制是一种最典型的语音信号数字化的波形编码方式。

首先，在发送端进行波形编码（主要包括抽样、量化和编码三个过程），把模拟信号变换为二进制码组。

编码后的 PCM 码组的数字传输方式可以是直接的基带传输，也可以是对微波、光波等载波调制后的调制传输。

在接收端，二进制码组经译码后还原为量化后的样值脉冲序列，然后经低通滤波器滤除高频分量便可得到重建信号。

（三）抽样信号的量化与编码

模拟信号抽样以后变成了时间离散的信号，但还是模拟信号，这个抽样信号必须经过量化和编码才能变成数字信号。

1.量化

利用预先规定的有限个电平来表示模拟信号抽样值的过程称为量化。

在信号传输之前，需要把取值无限的抽样值划分成有限的 M 个离散电平，此电平被称为量化电平。

2.编码

把量化后的信号电平值变换成二进制码组的过程称为编码，其逆过程称为解码或译码。

模拟信息源输出的模拟信号 m（t）经抽样和量化后得到的输出脉冲序列是一个 M 进制（一般常用 128 或 256）的多电平数字信号，如果直接传输的话，抗噪声性能很差，因此还要经过编码器转换成二进制数字信号（PCM信号）后，再经数字信道传输。

在接收端，二进制码组经过译码器还原为 M 进制的量化信号，再经低通滤波器恢复原模拟基带信号。

第三节 数字通信编码方式

一、信源编码

（一）概述

信源编码是对信源输出的信息进行适当的处理，把信息变换成信号，信源编码的主要目标是压缩每个信源符号的平均位数或信源的码率，利用某种变换使得信号的传输效率提高。

信源编码也就是压缩编码。

（二）信源编码的分类

根据信源的种类，信源编码可以分为经典编码方法和现代编码方法两类。

经典编码方法又可以分为无失真信源编码和限失真信源编码。

常用的编码方法有霍夫曼编码、算术编码和游程编码等，其压缩效率都以信源的信息熵为上界。另外，预测编码、变换编码、混合编码和矢量量化编码等方法也大都受信源的信息熵的约束。

决定信源编码性能的主要因素是信源的信息熵。信息熵是反映信源特性的主要参数。简单来说，信源的信息熵是指对该信源进行无损压缩时，信源编码器输出码率的最小值。

无论采用何种方法进行无损数据压缩，每个符号输出码流的平均长度总是不小于信息熵。

（三）信源编码的作用及应用

信源编码的作用如下：

（1）符号变换。使信源的输出符号与信道的输入符号相匹配。

（2）冗余度压缩。使编码之后的新信源概率分布均匀化，信息含量效率等于或接近100%。

在各类通信系统和电子信息系统中使用的信源编码方案必须具有一定的性质，满足特定的码字结构的要求。

GSM系统首先是把语音分成20 mA的音段，这20 mA的音段通过语音编码器被数字化和语音编码，产生260个比特流，并被分成以下几个重要位：① 50个最重要位。② 132个重要位。③ 78个不重要位。

目前CDMA系统的话音编码主要有以下两种：

（1）码激励线性预测编码（CELP）8 kb/s和13 kb/s。8 kb/s的话音编码能够达到GSM系统的13 kb/s的话音水平甚至更好。13kb/s的话音编码已经达到了有线长途话音水平。

（2）CELP采用与脉冲激励线性预测编码相同的原理，只是将脉冲位置和幅度用一个矢量码表代替。

（四）数据压缩

1. 数据压缩的概念

随着多媒体技术的出现和发展，计算机的应用不再局限于数值计算、文字处理的范畴，而是面临数值、文字、图形、图像、视频和音频等多种媒体元素，并且要将它们数字化、存储、传输，其数据量很大。近年来，虽然宽带传输介质和大容量存储媒体有了较快的发展，但仍比不上媒体信息容量的增长。因此，需要对数据进行压缩，通过数据压缩技术来降低数据量，减轻对存储、传输介质的压力。

2. 数据压缩的可能性

音频信号和视频图像的数字化数据可以进行数据压缩编码是基于以下事实：

（1）各种媒体信息是有冗余的，例如，同一幅图像中规则物体或规则背景相似的，其灰度值无须逐点描述，也就是存在空间冗余。同样，视频的前后帧图像之间相似度可能很高，可以利用适当的技术重构图像或场景，而无须传送每帧图像，也就是存在时间冗余。当然，多媒体数据中还存在其他的冗余，数据压缩实际上就是去冗余的过程。

（2）人的听觉和视觉感知机理决定了我们可以在眼睛和耳朵觉察不出来的情况下适当删减某些数据。例如，人的视觉对于图像边缘的急剧变化不敏感，对图像的亮度信息敏感，对颜色的分辨率较弱。因此，如果图像经压缩或量化发生的变化（或称为引入了噪声）不能被视觉所捕捉，则认为图像质量是完好的或是够好的，即图像压缩并恢复后仍有满意的主观图像质量。再如，人耳对不同频率的声音的敏感度不同，不能觉察所有频率的变化，因此有些频率的声音压缩或量化发生的变化（或称为引入了噪声）不能被人耳所感知。

3. 衡量数据压缩好坏的标准

一个好的数据压缩方法对多媒体信息的存储和传输至关重要。影响压缩性能的主要指标如下：

（1）压缩比

压缩前后的文件大小和数据量进行比较，作为衡量压缩比的指标。如 JPEG 压缩标准的压缩比可达 50 ∶ 1。人们普遍希望压缩的倍数越高越好、压缩的速度越快越好，同时人们又希望确保数据压缩的精度，即压缩完成以后，解压缩的数据和原来的数据最好没有什么差别，没有什么数据损失。然而，追求压缩比和追求精度往往是矛盾的，这就需要在两者之间权衡取舍。

（2）图像质量

虽然我们希望获得较大的压缩比，但压缩比过高，还原后的图像质量就可能降低。图像质量的评估常采用客观评估和主观评估两种方法。

客观评估是通过一种具体的算法来统计多媒体数据压缩结果的损失，

如计算峰值信噪比等。

主观评估基于人的视觉感知，因为观察者作为最终视觉信宿，他们能对恢复图像的质量做出直观的判断。方法之一是进行主观测试，让观察者通过观测一系列恢复的图像，并与原图像进行比较，再根据损伤的可见程度进行评级，以判断哪种压缩方法的失真少。

（3）压缩与解压缩的速度

压缩和解压缩的速度是压缩系统的两项单独的性能度量。在有些应用中，压缩和解压缩都需要实时进行，这称为对称压缩，如电视会议的图像传输。在有些应用中，压缩可以用非实时压缩，而只要解压缩是实时的，这种压缩称为非对称压缩，如多媒体 CD-ROM 的节目制作。从目前开发的压缩技术来看，一般压缩的计算量比解压缩要大。

（4）执行的硬件与软件

采用什么样的硬件与软件去执行压缩与解压缩，与采用压缩方案和算法的复杂程度有着密切的关系。设计精巧的简单算法可以在简单的硬件上执行，且执行速度很快，而设计复杂的算法需要在功能强大的硬件和软件的支持下才能运行。但仅靠算法来提高压缩与解压缩的速度还是有限的，在大多数情况下，不得不依靠硬件本身提供的功能去完成，例如采用专用多媒体处理芯片。

4.数据压缩方法的分类

数据压缩根据解压缩后能否完整恢复压缩前的数据分为无损压缩和有损压缩两类。

（1）无损压缩

解压缩后得到的数据与原始数据严格相同，即压缩是没有任何损失或无失真的。该算法是依据香农信息论的理论，通过适当的方法去除信号间的统计冗余来达到压缩的目的。例如，一幅图像中每种灰度值出现次数不等，可以对各灰度值进行编码，出现次数多的用较短的长度，出现次数少的用较长的长度，这样处理后图像文件的数据量即可减小。

无损压缩的压缩比较小，一般在 2 ∶ 1 至 5 ∶ 1 之间，算法简单。这类方法广泛应用于文本数据、程序。代表性的算法有：游程编码、Huffman 编码、算术编码、LZ 编码。

（2）有损压缩

解压缩后得到的数据与原始数据有一定的误差，即压缩是有损或有失真的。算法利用人类视觉和听觉器官对图像或声音中的某些频率成分不敏感的特性，允许在压缩过程中损失一定的信息。虽然不能完全恢复原始数据，但所损失的部分是不容易被人耳或人眼觉察到的。

有损压缩的压缩比较大，通常可压缩到原文件的几分之一、几十分之一甚至几百分之一。有损压缩通常用于音频、图像和视频等数据的压缩，代表性的算法有 PCM、变换编码、子带编码和小波编码等。

现行的很多多媒体压缩标准都采用了有损压缩和无损压缩相结合的混合编码方式，以求最大限度地去除冗余，获得较高的压缩比和图像质量。

5. 常用的多媒体信号压缩编码标准

为了加速压缩软件和硬件的开发，使不同厂家的设备、不同系统、不同应用环境之间能够互相传递和共享多媒体资源，国际电报电话委员会（CITT）的研究小组提出了几种国际标准，其中被推荐并广泛使用的有 JPEG、MPEG 和 H.261。

（1）静止图像压缩标准

静止图像压缩标准（JPEG）即"多灰度静止图像的数字压缩编码"，它是一个适用于彩色和单色多灰度或连续色调静止数字图像的压缩标准。它包括无损压缩和有损压缩两部分。有损压缩的压缩比可达到 20：1 ~ 40：1。

（2）运动图像压缩标准

运动图像压缩标准（MPEG）包括 MPEG 视频、MPEG 音频和视频音频同步三部分。MPEG 推出了一系列标准，以适应不同的目标和应用，如目前已提出的有 MPEG-1、MPEG-2、MPEG-4、MPEG-7 等标准。以 MPEG-1 为例，其视频是面向位速率约为 1.5 Mb/s 全屏幕运动图像的数据压缩；音频是面向每通道位速率为 64 kb/s、128 kb/s、192 kb/s 的数字音频信号的压缩；视频音频同步则要解决数字视频和数字音频等多样压缩数据流的复合和同步的问题。采用 MPEG-1 标准的平均压缩比为 50：1。

（3）视听、通信编码标准 H.261

H.261 标准即 PX64 kb/s 视频编码标准，其中 P 为 64 kb/s 的取值范围，是 1 ～ 30 的可变参数，它最初是针对在 ISDN 上实现电信会议应用，特别是面对面的可视电话和视频会议而设计的。实际的编码算法类似于 MPEG 算法，但不能与后者兼容。H.261 在实时编码时比 MPEG 所占用的 CPU 运算量要小得多，此算法为了优化带宽占用量，引进了在图像质量与运动幅度之间的平衡折中机制，也就是说，剧烈运动的图像比相对静止的图像质量要差。

H.26X 也是一系列的标准，随着市场需求的增加和要求的提高，国际电信联盟（ITU）相继提出了 H.261、H.262、H.263 和 H.264 等一系列标准。

二、信道编码

（一）概述

信道编码是提高数据传输可靠性、减少差错的有效方法。

信道编码通过加入校验位，即增加冗余实现纠错和检错能力。其追求的目标是如何加入最少的冗余位而获得最好的纠错能力。

信道编码也称为纠错编码或者差错控制编码。

（二）信道编码的分类

信道编码有多种分类方法。

（1）根据功能不同，差错控制码可以分为两类：检错码、纠错码。

检错码只检测信息传输是否出现错误，本身没有纠错的能力，如循环冗余校验码、奇偶校验码等。纠错码则可以纠正误码。

（2）根据对信息序列处理方法的不同，纠错码可分为分组码和卷积码。

分组码是将信息序列划分为 k 位一组，然后对各个信息组分别进行编码，形成对应的一个码字。

卷积码也是首先将信息序列划分为组，并且当前码组的编译码不仅与当前信息组有关，还与前面若干码组的编译码有关，这样就可以利用码组的相关性进行译码。

（3）根据码元与原始信息之间的关系，纠错码可以分为线性码和非线性码。

线性码的所有码元都是原始信息元的线性组合。非线性码的码元不是信息元的线性组合。

（4）根据适用差错的类型，纠错码可以分为：纠随机错误码、纠突发错误码。

纠随机错误码主要用于随机错误信道，纠正其中可能产生的随机错误。纠突发错误码主要用于纠正信息传输过程中的突发错误。

三、加密编码

（一）概述

加密编码是为了保证信息的安全。在信息传输或处理过程中，除了指定的接收者外，还有非指定的或非授权的用户，他们会企图通过各种技术手段窃取机密信息。

为了保证被传送信息的安全和隐私，必须对信源的输出进行加密或隐藏，同时还要求信息传递过程中保证信息不被伪造和篡改。

通信系统中的传输媒介有电缆、明线、光纤和无线电波等，信号通过这些媒介时是很不安全的。非指定用户或敌人还会通过各种方法（如搭线、电磁波接收和声音接收等）对所传输的信号进行侦听（称为被动攻击）。更有甚者，有些非法入侵者主动对系统进行骚扰，采用删除、更改、增添、重放和伪造等手段，向系统注入信号或破坏被传输的信号，以达到欺骗别人的目的。

人们希望把重要信息通过某种变换形式转换成秘密信息。转换方法可以分为两大类。

（1）隐写术。隐蔽信息载体信号的存在，在古代常用。

（2）编码术。将载荷信息的信号进行各种变换，使它们不为非授权者所理解。

密码编码学是信息安全技术的核心，主要任务是寻求产生安全性高的有效密码算法和协议，以满足对信息进行加密或认证的要求。

密码分析学的主要任务是破译密码或伪造认证信息，实现窃取机密信息或进行诈骗破坏活动。

由于保密问题的特殊性，直至 1976 年迪弗（Diffie）和海尔曼（Hellman）发表了《密码学的新方向》一文，提出了密钥密码体制后，保密通信问题才得到广泛研究。

当今，信息的安全和保密问题更加突出和重要。为了保证所传输信息的安全，通常采用以下方法：

（1）认证业务。提供某种方法来证实某一声明是正确的，如口令。

（2）访问控制。控制非授权的访问，如防火墙。

（3）保密业务。对未授权者保护信息，如数据加密。

（4）数据完整性业务。对安全威胁所采取的一类防护措施。

（5）不可否认业务。提供无可辩驳的证据来证明曾经发生过的交换，如采用数字签名技术。

在一个网络中，信息发送方和接收方之间常见的不安全因素包括以下几方面：

（1）伪造。接收方伪造一份来自另一发送方的文件。

（2）篡改。接收方篡改接收到的文件或其中的数据。

（3）冒充。网络中任一用户冒充另一用户作为接收方或发送方。

（4）否认。发送或接收方不承认曾发送或接收过某一文件。

为保证信息安全，我们应设计一个手迹签名的代替方案。该方案应满足以下三个条件：①接收者可以确认发送者的身份；②发送者以后不能否认文件是他发的；③接收者自己不能伪造该文件。

第一个条件是必须的，比如当一位顾客通过计算机发订货单，向一家银行订购一吨黄金，银行计算机需要证实发出订购要求的计算机是否属于付款的公司。

第二个条件用于保护银行不受欺骗。假设银行为该顾客买入了一吨黄金，但金价随后暴跌，狡猾的顾客可能会控告这家银行，声称自己从未发出过任何订购黄金的订单。

第三个条件用在下述情况下保护顾客：如金价暴涨，银行伪造一个文件，说顾客只要买一公斤黄金而不是一吨黄金。

数字签名技术就是利用数据加密技术和数据变换技术，根据某种协议产生一个反映被签署文件的特征以及签署人特征的数字化签名，以保证文件的真实性和有效性。数字签名技术具有以下几点优势：

（1）数字签名可以通过计算机网络使地理位置不同的用户实现签名。

（2）数字签名既可有手写签名那样的可见性，又可将签名存储于计算机系统之中。

（3）数字签名与整个文件的每个组成部分都有关，从而保证了其不变性，而手写签名的文件则可以改换某一页的内容。

（4）数字签名可以对一份文件的一部分进行签署，这是手写签名无法做到的。手写签名一般要经过专家的鉴定才能确认，而在一个具有良好数字签名方案的网络内，接收方可以立即识别接收的文件中签名的真伪。

（二）加密编码原理

为了保证信息安全传输，可以采用加密编码的方法。

在利用现代通信工具的条件下，隐写术受到了很大的限制，但编码术却以计算机为工具取得了很大的发展。

在加密编码中：

（1）真实数据称为明文（M）。

（2）对真实数据施加变化的过程称为加密（EK）。

（3）加密后输出的数据称为密文（C）。

（4）从密文恢复出明文的过程称为解密（DK）。

完成加密和解密的算法称为密码体制。

变换过程中使用的参数叫密钥（K）。

加密时使用的密钥与解密时使用的密钥分为以下两种：

（1）加密密钥与解密密钥相同（单密钥）。

（2）加密密钥与解密密钥不同（双密钥）。

如果求解一个问题需要一定量的计算，但环境所能提供的实际资源却无法实现它，则称这种问题是计算上不可能的。

如果一个密码体制的破译是计算上不可能的，则称该密码体制是计算上安全的。

即使截获了一段密文 C，甚至知道了与它对应的明文 M，破译者要从中系统地求出解密变换仍然是计算上不可能的。

破译者要从截获的密文 C 系统地求出明文 M 是计算上不可能的。

保密性只要求对变换 DK（解密密钥）加以保密，只要不影响 DK 的保密，变换 EK 可以公布于众。

对称（单密钥）体制：加密密钥和解密密钥相同或者很容易相互推导出。

假定加密方法是众所周知的，这就意味着变换 EK 和 DK 很容易互相推导。因此，如果对 EK 和 DK 都保密，则保密性和真实性就都有了保障。

非对称（双密钥）密码体制：加密密钥和解密密钥中至少有一个在计算上不可能被另一个导出。因此，在变换 EK 或 DK 中有一个可公开而不影响另一个的保密性。

可以通过保护两个不同的变换分别获得保密性和真实性。保护 DK 获得保密性，保护 EK 获得真实性。公开密钥体制即是这种。接收者通过保密自己的解密密钥来保障他接收信息的保密性，但不能保证真实性，因为任何知道他的加密密钥的人都可以将虚假消息发给他。发送者通过保密自己的解密密钥来保障他发送信息的真实性，但任何知道他的加密密钥的人都可以破译消息，保密性不能保证，一般用于数字签名。

第四章 信号与信息处理技术原理

第一节 信息处理技术

一、信息处理技术的发展历程

人类很早就开始了信息的记录、存储和传输。在古代，信息存储的手段非常有限，有些部落通过口耳相授传递信息，有些部落通过结绳记事存储信息。文字的创造、造纸术和印刷术的发明是信息处理手段的第一次巨大飞跃；电报、电话、电视及其他通信技术的发明和应用是信息传递手段的历史性变革，也是信息处理手段的第二次巨大飞跃；计算机的出现和普遍使用则是信息处理手段的第三次巨大飞跃。长期以来，人们追求改善和提高信息处理技术的过程大致可以划分为三个时期。

（一）手工处理时期

手工处理时期是用人工方式来收集信息，用书写记录来存储信息，用经验和简单的手工运算来处理信息，用携带存储介质来传递信息。信息人员从事简单而烦琐的重复性工作，信息不能及时有效地传送给使用者，许多十分重要的信息来不及处理，甚至会贻误战机。

（二）机械信息处理时期

随着科学技术的发展以及人们对改善信息处理手段的追求，逐步出现了机械式和电动式的处理工具，如算盘、出纳机、手摇计算机等，在一定程度上减轻了计算者的负担。后来又出现了一些较复杂的电动机械装置，可以把数据在卡片上穿孔并进行成批处理和自动打印结果。同时，由于电报、电话的广泛应用，极大地改善了信息的传输手段，这次信息传递手段的革命，结束了人们单纯依靠烽火和驿站传递信息的历史，大大加快了信息传递的

/81/

速度。

（三）计算机处理时期

随着计算机系统在处理能力、存储能力、打印能力和通信能力等方面的提高，特别是计算机软件技术的发展，使用计算机越来越方便，加上微电子技术的突破，使微型计算机日益商品化，从而为计算机在管理上的应用创造了极好的物质条件。信息处理现在已经发展到系统处理的阶段。这样，不仅各种事务的处理实现了自动化，大量人员从烦琐的事务性劳动中解放出来，提高了效率，节省了费用，而且由于计算机的高速运算能力，极大地提高了信息的价值，能够及时为管理活动中的预测和决策提供可靠的依据。与此同时，电子计算机和现代通信技术的有效结合，使得信息的处理速度、传递速度得到了惊人的提高，人类处理信息、利用信息的能力达到了空前的高度。今天，人类已经进入了所谓的信息社会。

二、现代信息技术

到了近代，随着社会经济的发展，不同地域的人与人之间交往活动的增加促进了信息技术的飞速发展。信息是人类的一种宝贵资源，大量、有效地利用信息是社会发展水平不断提高的重要标志之一。

19世纪30年代，美国画家萨缪尔·芬利·布里斯·莫尔斯发明了电报和莫尔斯电码，电报的发明使信息的传递跨入了电子速度时代。莫尔斯电码是电信史上最早的编码，是电报发明史上的重大突破。1844年，第一条有线实验电报线路正式开通。19世纪后半叶，电报已经得到了广泛的应用。

电报有很大的局限性，它只能传递简单的信息，而且要译码，使用起来很不方便。从19世纪50年代起，就有一批科学家受电报的启发，开始了用电传送声音的研究。1876年，美国人贝尔和格雷各自发明了电话。1877年，爱迪生又获得了发明碳粒送话器的专利。

1896年，俄国36岁的亚历山大·斯捷潘诺维奇·波波夫和意大利21岁的伽利尔摩·马可尼分别发明了无线电收报机，人类从此进入了无线电通信时代。

1925年，英国的贝尔德进行了世界上首次电视广播试验，虽然图像质量很差，明暗变化不明显，但证实了电视广播的可能性。时隔一年，贝尔德终于成功地发送出了清晰、明暗变化显著的图像，揭开了电视广播的序幕。

1936年，英国广播公司正式从伦敦播送电视节目。1941年，彩色电视机诞生。

1946年，世界上第一台计算机诞生。随着现代电子技术尤其是微电子技术的发展，计算机越来越普及，现在，计算机已经成为人们最主要的信息处理工具。

随着计算机和通信技术的发展与相互渗透，计算机网络逐渐普及起来。20世纪80年代，全球性的计算机网络——Internet逐渐建立起来。Internet使信息的交流不再受时间和空间的限制。与此同时，各种通信网络日渐发达，它们与互联网连接在一起，为我们的生活带来了极大的便利，人类的信息交流进入了一个崭新的时代。

第二节 数字信号及其处理

一、数字信号的特点

（一）抗干扰能力强、无噪声积累

在模拟通信中，为了提高信噪比，需要在信号传输过程中及时对衰减的信号进行放大，信号在传输过程中不可避免地叠加上的噪声也被同时放大。随着传输距离的增加，噪声累积越来越多，从而导致传输质量严重恶化。

对于数字通信，由于数字信号的幅值为有限的离散值（通常取0和1两个幅值），在传输过程中虽然也受到噪声的干扰，但当信噪比恶化到一定程度时，在适当的距离采用判决再生的方法，再生成没有噪声干扰的、和原发送端一样的数字信号，即可实现长距离、高质量的传输。

（二）便于加密处理

信息传输的安全性和保密性越来越重要，数字信号的加密处理比模拟信号容易得多。以语音信号为例，经过数字变换后的信号可用简单的数字逻辑运算进行加密、解密处理。

（三）便于存储、处理和交换

数字信号的形式和计算机所用信号一致，都是二进制代码，因此便于与计算机联网，也便于用计算机对数字信号进行存储、处理和交换，可使通信网的管理维护实现自动化、智能化。

（四）设备便于集成化、微型化

数字通信采用时分多路复用，不需要体积较大的滤波器。设备中大部分电路是数字电路，可用大规模或超大规模集成电路实现，因此体积小、功耗低。

二、模拟信号的数字化

当今社会已进入迅猛发展的信息化时代，对信息进行处理的核心设备是计算机，计算机只能识别由二进制 0、1 组成的数字信号，而现实生活中的信号大多是模拟信号，比如电压、电流、声音、图像等，这些信号只有转换成数字信号才能输入计算机进行处理。因而信息化的前提是实现模拟信号的数字化。把模拟信号转换为数字信号通常需要采样、量化和编码三个过程。

（一）采样

所谓采样就是每隔一定的时间间隔，抽取信号的一个瞬时幅度值，这就是在时间上将模拟信号离散化。模拟信号不仅在幅度取值上是连续的，而且在时间上也是连续的。要使模拟信号数字化，首先要对时间进行离散化处理，即在时间上用有限的采样点代替无限个连续的坐标位置，这一过程叫采样。采样后所得到的在时间上离散的样值称为采样序列。

（二）量化

采样把模拟信号变成了在时间上离散的采样序列，但每个样值的幅度仍然是一个连续的模拟量，因此还必须对其进行离散化处理，将其转换为有限的离散幅度值，最终才能用有限的量化电平来表示其幅值，这种对采样值进行离散化的过程叫作量化，其实质就是实现连续信号幅度离散化处理。

（三）编码

采样、量化后的信号变成了一串幅度分级的脉冲信号，这串脉冲的包络代表了模拟信号，它本身还不是数字信号，而是一种十进制信号，需要把它转换成数字编码脉冲，这一过程称为编码。最简单的编码方式是二进制编码。

三、数字信号处理系统

在实际生活中，我们遇到的信号大部分是模拟信号，如声音、图像等，为了利用数字系统来处理模拟信号，必须先将模拟信号转换成数字信号，在数字系统中进行处理后再转换成模拟信号。

（一）抗混叠滤波器

它的作用是滤除模拟信号中的高频杂波。为解决由高频杂波带来的频率混叠问题，在对模拟信号进行离散化前，需采用低通滤波器滤除高于 1/2 采样频率的频率成分。

（二）A—D 转换器

即模—数转换器，将模拟信号转换成数字信号，便于数字设备和计算机处理。

（三）D—A 转换器

即数—模转换器，将数字信号转换为相应的模拟信号。

（四）平滑滤波器

作用是滤除 D—A 转换电路中产生的毛刺，使信号的波形变得更加平滑。

第三节 文本信息处理

一、文本分类的整体特征

文本自动分类是分析待定文本的特征，并与已知类别中文本所具有的共同特征进行比较，然后将待定文本划归为特征最接近的一类并赋予相应的分类号。

文本分类一般包括文本预处理、文本特征提取、分类算法的选择、分类结果的评价与反馈等过程。

（一）文本预处理

任何原始数据在计算机中都必须采用特定的数学模型来表示，目前存在众多的文本表示模型，如布尔模型、向量空间模型、聚类模型、基于知识的模型和概率模型等。其中向量空间模型具有较强的可计算性和可操作性，得到了广泛的应用。经典的向量空间模型是 Salton 等人于 20 世纪 60 年代末提出的，并成功应用于著名的 SMART 系统，已成为最简便、最高效的文本表示模型之一。

向量空间模型的最大优点在于它在知识表示方法上的优势。在该模型中，文本的内容被形式化为多维空间中的一个点，并以向量的形式来描述，文本分类、聚类等处理均可以方便地转化为对向量的处理和计算。也正是因为把文本以向量的形式定义到实数域中，才使得模式识别和数据挖掘等领域中的各种成熟的计算方法得以采用，大大提高了自然语言文本的可计算性和可操作性。因此，近年来，向量空间模型被广泛应用在文本挖掘的各个领域。

对于基于向量空间模型的文本预处理，主要由四个步骤来完成：中文分词、去除停用词、文本特征提取和文本表示。

1. 中文分词

中文分词是对中文文本进行分析的第一个步骤，是文本分析的基础。现在的中文分词技术主要有以下几种：基于字符串匹配的分词技术、基于理解的分词技术、基于统计的分词技术等。

2. 去除停用词

所谓的停用词是指汉语中常用到的"的""了""我们""怎样"等，这些词在文本中分布较广，出现频率较高，且大部分为虚词、助词、连词等，这些词对分类的效果影响不大。文本经中文分词之后，得到大量词语，其中包含了一些频度高但不含语义的词语，比如助词，这时可以利用停用词表将其过滤，以便于文本分类的后续操作。

3. 文本特征提取

文本经过中文分词、去除停用词后得到的词语量特别大，由此构造的文本表示维数也非常大，并且不同的词语对文本分类的贡献也是不同的。因此，有必要进行特征项选择以及计算特征项的权重。

4. 文本的表示

文本的表示主要采用向量空间模型。根据实验结果，普遍认为选取词作为特征项要优于字和词组。因此，要将文本表示为向量空间中的一个向量，首先要将文本分词，用这些词作为向量的维数来表示文本。最初的向量表示完全是0、1的形式，即如果文本中出现了该词，那么文本向量的维数为1，否则为0。这种方法无法体现这个词在文本中的作用程度，所以逐渐被更精确的词频代替。词频分为绝对词频和相对词频，绝对词频即使用词在文本中出现的频率表示文本，相对词频为归一化的词频，其计算方法主要运用关键词出现的次数（词频）—逆向文件频率（TF—IDF）公式。

（二）文本特征提取

用于表示文本的基本单位通常称为文本的特征或特征项。特征项必须具备一定的特性：①特征项要能够标识文本内容；②特征项具有将目标文本与其他文本相区分的能力；③特征项的个数不能太多；④特征项分离要比较容易实现。在中文文本中可以采用字、词或短语作为表示文本的特征项。相比较而言，词比字具有更强的表达能力，而词和短语相比，词的切分难度比短语的切分难度小得多。因此，目前大多数中文文本分类系统都采用词作为特征项，称作特征词。这些特征词作为文档的中间表示形式，用来实现文档与文档、文档与用户目标之间的相似度计算。如果把所有的词都作为特征项，那么特征向量的维数将过于巨大，从而导致计算量太大，在这样的情况下，要完成文本分类几乎是不可能的。特征抽取的主要功能是在不损伤文本核心信息的情况下尽量减少要处理的单词数，以此来降低向量空间维数，从而简化计算，提高文本处理的速度和效率。文本特征选择对文本内容的过滤和分类、聚类处理、自动摘要以及用户兴趣模式发现、知识发现等有关方面的研究都有非常重要的影响。通常根据某个特征评估函数计算各个特征的评分值，然后按评分值对这些特征进行排序，选取若干个评分值最高的作为特征词，这就是特征提取。

（三）文本分类算法

训练算法和分类算法是分类系统的核心，目前存在多种基于向量空间模型的训练算法和分类算法，主要有最近 K 邻居算法、贝叶斯算法、最大平均熵算法、类中心向量最近距离算法、支持向量机算法和神经网络算法等。

简单向量距离分类算法的核心是利用文本与本类中心向量间的相似度判断类的归属，而贝叶斯算法的基本思路是计算文本属于类别的概率。

K 邻居算法的基本思路是在给定新文本后，考虑在训练文本集中与该新文本距离最近（最相似）的 K 篇文本，根据这 K 篇文本所属的类别判定新文本所属的类别。

支持向量机算法和神经网络算法在文本分类系统中应用得较为广泛。支持向量机算法的基本思想是使用简单的线性分类器划分样本空间，对于在当前特征空间中线性不可分的模式，则使用一个核函数把样本映射到一个高维空间中，使得样本能够线性可分。神经网络算法采用感知算法进行分类。

在这种模型中，分类知识被隐式地存储在连接的权值上，使用迭代算法来确定权值向量。当网络输出判别正确时，权值向量保持不变，否则要进行增加或降低的调整，因此也称为奖惩法。

经过文本分类预处理后，训练文本合理向量化，奠定了分类模型的基础。向量化的训练文本与文本分类算法共同构造出了分类模型。在实际的文本分类过程中，主要依靠分类模型完成文本分类。

（四）分类结果的评价与反馈

文本分类系统的任务是在给定的分类体系下，根据文本的内容自动确定文本关联的类别。从数学角度来看，文本分类是一个映射的过程，它将未标明类别的文本（待分类文本）映射到已有的类别中。文本分类的映射规则是系统根据已经掌握的每类若干样本的数据信息，总结出分类的规律，从而建立判别公式和判别规则，然后在遇到新文本时，根据总结出的判别规则，确定文本相关的类别。

因为文本分类从根本上说是一个映射过程，所以评估文本分类系统的标准是映射的准确程度和映射的速度。映射的速度取决于映射规则的复杂程度，而评估映射准确程度的参照物是通过专家思考判断后对文本进行分类的结果（这里假设人工分类完全正确并且排除个人思维差异的因素），与人工分类结果越相近，分类的准确程度就越高。

三、文本信息处理的应用领域

人类历史上以语言文字形式记载和流传的知识占总量的 80% 以上，这些语言被称为自然语言，如汉语、英语、日语等。自然语言处理是指利用计算机对人类特有的书面和口头形式的自然语言的信息进行各种处理和加工的技术，是人工智能研究的重要内容之一。主要应用在以下几个研究领域：

（一）机器翻译

实现一种语言到另一种语言的自动翻译，常用于文献翻译、网页翻译和辅助浏览等，如著名的 Systran 系统（http：//www.systransoft.com）。

（二）自动文摘

将原文档的主要内容或某方面的信息自动提取出来，并形成原文档的摘要或缩写，主要应用在电子图书管理、情报获取等方面。

（三）信息检索

也称情报检索，即利用计算机系统从大量的文档中找到符合用户需要的相关信息，如我们非常熟悉的两个搜索引擎网站 Google（http：//www.google.com）和百度（http：//www.baidu.com）。

（四）文档分类

也叫文本自动分类，即利用计算机系统对大量的文档按照一定的分类标准（如根据主题或内容划分等）实现自动归类，主要应用在图书管理、内容管理和信息监控等领域。

（五）信息过滤

利用计算机系统自动识别和过滤那些满足特定条件的文档信息，主要应用于网络有害信息过滤、信息安全等领域。

（六）问答系统

对人提出的问题，通过计算机系统利用自动推理等手段，在有关知识资源中自动求解答案并做出相应的回答。问答技术有时与语音技术和多模态输入/输出技术，以及人机交互技术等相结合，构成人机对话系统。主要应用在人机对话系统、信息检索等领域。

三、中文信息处理的研究

中文信息处理可分为字处理平台、词处理平台和句处理平台这三个层次。字处理平台技术是中文信息处理的基础，经过近 20 年的研究，字处理平台技术已经达到了一个比较成熟的阶段。词处理平台技术是中文信息处理的中间环节，它是连接字处理平台和句处理平台的关键纽带，因此也是关键环节。句处理平台技术是中文信息处理的高级阶段，它的研究主要包括机器翻译、汉语的人机对话等，这方面的研究虽然已经取得了一定的成果，但是目前还处于初级阶段。

字处理平台的研究与开发，包括汉字编码输入、汉字识别（手写体联机识别与印刷体脱机识别）、汉字系统及文书处理软件等。

词处理平台中最典型、最引人瞩目的是面向互联网的、文本不受限的中文检索技术，包括通用搜索引擎、文本自动过滤（如对网上不健康内容或对国家安全有危害内容的过滤）、文本自动分类（在数字图书馆中得到广泛应用）以及个性化服务软件等。目前影响比较大的中文通用搜索引擎有雅虎、搜狐、新浪网等，但这些网站只采用了基于字的全文检索技术，或者仅做了简单的分词处理，性能还有待提高。国内研究机构做得比较好的是北京大学的天网，它用了中文分词和词性自动标注技术，不足之处是覆盖能力有限。

词处理平台中的另一个重要应用是语音识别。单纯依赖语音信号处理手段来大幅度提高识别的准确率已经很难再大有作为，必须要借助文本的后处理技术。现在最具代表性的产品是 IBM 公司的简体中文语音输入系统，微软中国研究院也有表现不俗且接近实用的系统。国内在做这方面工作的有清华大学计算机系和电子系、中科院声学所和自动化所等，但从技术走向市场还有一段距离。属于这个处理平台的其他应用还有文本自动校对、汉字简繁体自动转换等。

句处理平台中的重要应用主要有两个方面：一是机器翻译，虽然目前机器翻译的质量还远远不能令人满意，但挂靠在互联网上，就找到了合适的舞台，无论对中国人了解世界（英译汉），还是外国人了解中国（汉译英），都大有裨益，潜在的市场十分可观。"金山快译"软件受到市场的欢迎，就是一个很有说服力的例证。此外，雅信诚公司推出的针对专业翻译人员的英汉双向翻译辅助工具 CAT，虽然没有采用全自动翻译的策略，但定位及思路都非常好，不失为另一个有前途的发展方向。句处理平台中另一方面的重要应用是汉语文语转换，即按照汉语的韵律规则，把文本文件转换成语音输出。汉语文语转换系统可用于盲人阅读机，让计算机为盲人服务；可用于文语校对系统，为报纸杂志的校对人员服务；还可广泛用于机场或车站的固定信息发布等。清华大学和中国科学技术大学都研发出了实用的汉语文语转换系统，达到了国际领先水平。

第四节 语音信号处理

一、语音信号处理的基础知识

（一）语音信号的特性

构成人类语音的是声音，这是一种特殊的声音，是由人讲话所发出的。语音是由一连串的音组成，具有被称为声学特征的物理性质。语音中的各个音的排列由一些规则所控制，对这些规则及其含意的研究属于语言学的范畴，而对语音中音的分类和研究则属于语音学的范畴。

语音是人的发音器官发出来的一种声波，它和其他各种声音一样，具有声音的物理属性，由音质、音调、音强及音量和声音的长短四种要素组成。

1. 音质（音色）

它是一种声音区别于其他声音的基本特征。

2. 音调

即声音的高低。音调取决于声波的频率，频率快则音调高，频率慢则音调低。

3. 音强及音量

也称响度，它是由声波的振动幅度决定的。

4. 声音的长短

也称音长，它取决于发音持续时间的长短。

语音信号最主要的特性是它是随着时间而变化的，是一个非平稳的随机过程；但是，从另一方面看，虽然语音信号具有时变特性，但在一个短时间范围内基本保持不变。这是因为人的肌肉运动有一个惯性，从一个状态到另一个状态的转变是不可能瞬间完成的，而是存在一个时间过程，在没有完成状态转变时，可以认为它保持不变。只要时间足够短，这个假设就是成立的。在一个较短的时间内语音信号的特征基本保持不变，这是语音信号处理的一个重要出发点，因而我们可以采用平稳过程的分析处理方法来处理语音。

（二）语音信号分析的主要方式

根据所分析的参数不同，语音信号分析又可分为时域、频域、倒频域等方法。时域分析具有简单、运算量小、物理意义明确等优点，但更为有效的分析多是围绕频域进行的，因为语音中最重要的感知特性反映在其功率谱中，而相位变化只起很小的作用。傅里叶分析在信号处理中具有十分重要的作用，它是分析线性系统和平稳信号稳态特性的强有力手段，在许多工程和科学领域得到了广泛的应用。这种以复指数函数为基函数的正交变换，理论上很完善，计算上很方便，概念上易于理解。傅里叶分析能使信号的某些特性变得很明显，在原始信号中这些特性可能没有表现出来或表现得不明显。

然而，语音波是一个非平稳过程，因此适用于周期、瞬变或平稳随机信号的标准傅里叶变换，不能用来直接表示语音信号。前面已经提到，我们可以采用平稳过程的分析处理方法来处理语音。对语音处理来说，短时分析的方法是有效的解决途径。短时分析方法应用于傅里叶分析就是短时傅里叶变换，即有限长度的傅里叶变换，相应的频谱称为"短时谱"。语音信号的短时谱分析是以傅里叶变换为核心的，其特征是频谱包络与频谱微细结构以乘积的方式混合在一起，另一方面是可用快速傅里叶变换（FFT）进行高速处理。

（三）语音信号处理系统的一般结构

语音信号处理系统首先需要信号的采集，然后才能进行语音信号的处理和分析。

根据采集信号的不同，语言信号可分为模拟信号和数字信号，其处理系统也可分为模拟处理系统和数字处理系统。如果加上模—数转换和数—模转换芯片，模拟处理系统可以处理数字信号，数字处理系统也可以处理模拟信号。由于数字信号处理和模拟信号处理相比具有许多不可比拟的优越性，因此大多数情况下都采用数字处理系统，其优越性具体表现在以下四个方面：①数字技术能够完成许多复杂的信号处理工作；②通过语音进行交换的信息本质上具有离散的性质，因为语音可看作是音素的组合，这就特别适合进行数字处理；③数字系统具有高可靠性、廉价、快速等优点，很容易完成实时处理任务；④数字语音适于在强干扰信道中传输，也易于进行加密传输。因此，数字语音信号处理是语音信息处理的主要方法。

二、语音信号处理的关键技术

语音信号处理是一门研究用数字信号处理技术和语音学知识对语音信号进行处理的新兴学科，同时又是综合性的多学科领域和涉及面很广的交叉学科，是目前发展最为迅速的信息科学研究领域的核心技术之一，下面重点介绍语音信号数字处理应用技术领域中的语音编码、语音合成、语音识别与语音理解技术。

（一）语音编码技术

在对语音信号进行数字处理的过程中，语音编码技术是至关重要的，直接影响到语音存储、语音合成、语音识别与理解。语音编码是模拟语音信号实现数字化的基本手段。语音信号是一种时变的准周期信号，而经过编码描述以后，语音信号可以作为数字数据来传输、存储或处理，因而具有一般数字信号的优点。语音编码主要有三种方式：波形编码、信源编码和混合编码，这三种方式都涉及语音的压缩编码技术，通常把编码速率低于 64 kbit/s 的语音编码方式称为语音压缩编码技术。如何在尽量减少失真的情况下降低语音编码的位数已成为语音压缩编码技术的主要内容，换言之，在相同的编码比特率下，如何获得更高质量的语音是较高质量的语音编码系统的要求。

（二）语音合成技术

语音合成是通过机械的、电子的方法产生人造语音的技术，即将计算机自己产生的或外部输入的文字信息转变为可以听得懂的、流利的汉语口语输出的技术。语音合成技术又称文语转换技术，是利用电子计算机和一些专门装置模拟人、制造语音的技术。

语音合成技术相当于给机器装上了人工嘴巴。它涉及声学、语言学、数字信号处理、计算机科学等多个学科技术，是中文信息处理领域的一项前沿技术。

（三）语音识别技术

语音识别又称语音自动识别，它基于模式匹配的思想，从语音流中抽取声学特征，然后在特征空间完成模式的比较匹配，寻找最接近的词（字）作为识别结果。几十年来，语音识别技术经历了从特定人（SD）中小词汇量的孤立词语和连接词语的语音识别到非特定人（SI）大词汇量的自然口语识别的发展历程。尽管如此，语音识别技术要走出实验室、全面融入人们的日常生活还需要一些时间。当使用环境与训练环境有差异时，如在存在背景噪声、信道传输噪声或说话人语速和发音不标准等情况时，识别系统的性能往往会显著下降，无法满足实用的要求。环境噪声、方言和口音、口语识别已经成为目前语音识别中三个最主要的新难题。

一个典型的语音识别系统由预处理、特征提取、训练和模式匹配几部分构成。

1. 预处理

预处理部分包括语音信号的采样、抗混叠滤波、语音增强、去除声门激励和口唇辐射的影响以及噪声影响等，预处理最重要的步骤是端点检测和语音增强。

2. 特征提取

特征提取的作用是从语音信号波形中提取一组或几组能够描述语音信号特征的参数，如平均能量、过零数、共振峰、倒谱和线性预测系数等，以便训练和识别。参数的选择直接关系着语音识别系统识别率的高低。

3. 训练

训练是建立模式库的必备过程，词表中每个词对应一个参考模式，由这个词重复发音多遍，再由特征提取或某种训练得到。

4. 模式匹配

模式匹配是整个系统的核心，其作用是按照一定的准则求取待测语言参数。

让机器听懂人类的语言，是人类长期以来梦寐以求的事情。伴随着计算机技术的发展，语音识别已经成为信息产业领域的标志性技术，在人机交互应用中逐渐进入我们的日常生活，并迅速发展为"改变未来人类生活方式"的关键技术之一。语音识别技术以语音信号为研究对象，是语音信号处理的一个重要研究方向，其终极目标是实现人与机器进行自然语言通信。

（四）语音理解技术

语音理解又称自然语音理解（NLU），其目的是实现人机智能化信息交换，构成通畅的人机语音通信。目前，语音理解技术开始使计算机丢掉了键盘和鼠标，人们对语音理解的研究重点已经拓展到特定应用领域的自然语音理解上。一些基于口语识别、语音合成和机器翻译的专用性系统开始出现，如信息发布系统、语音应答系统、会议同声翻译系统和多语种口语互译系统等，正受到各方面越来越多的关注。这些系统可以按照人类的自然语音指令完成有关的任务，提供必要的信息服务，实现交互式语音反馈。

三、语音信号处理技术的发展趋势

语音信号处理技术是计算机智能接口与人机交互的重要手段之一。从目前和整个信息社会的发展趋势看，语音技术的应用越来越广。语音技术包括语音识别、说话人的鉴别和确认、语种的鉴别和确认、关键词检测和确认、语音合成、语音编码等，但其中最具有挑战性和应用前景最广的是语音识别技术。

（一）语音识别技术的发展趋势

首先，语音识别技术近年来已经在安全加密、银行信息电话查询服务等方面得到了很好的应用，在公安机关破案和法庭取证方面也发挥了重要作用。其次，语音识别技术在一些领域中正成为一个关键的具有竞争力的技术。例如，在声控应用中，计算机可以识别输入的语音内容，并根据内容来执行相应的动作，这包括了声控电话转换、声控语音拨号系统、声控智能玩具、信息网络查询、家庭服务、宾馆服务、旅行社服务系统、医疗服务、股票服务和工业控制等。在电话与通信系统中，智能语音接口正在把电话机从一个单纯的服务工具变为服务的"提供者"和生活"伙伴"。使用电话与通信网络，人们可以通过语音命令方便地从远端的数据库系统中查询与提取有关的信息。随着计算机的小型化，键盘已经成为移动平台的一个很大的障碍，想象一下，如果手机只有一块手表那么大，再用键盘进行拨号操作已经是不可能的，而借助语音命令就可以方便灵活地控制计算机的各种操作。再者，语音信号处理技术还可用于自动口语分析，如声控打字机等。

随着计算机和大规模集成电路技术的发展，这些复杂的语音识别系统已经完全可以制成专用芯片，进行大批量生产。在西方经济发达国家，大量的语音识别产品已经进入市场和服务领域。一些用户交互机、电话机、手机已经包含了语音识别拨号功能，还有语音记事本、语音智能玩具等产品也包含了语音识别与语音合成功能。人们可以通过电话网络，用语音识别口语对话系统查询机票、银行等相关信息。

（二）语音合成技术的发展趋势

就语音合成技术而言，它已经在许多方面取得了实际的应用并发挥了很大的社会作用，例如公交汽车上的自动报站、各种场合的自动报时、自动报警、手机查询服务和各种文本校对中的语音提示等。在电信声讯服务的智能电话查询系统中，采用语音合成技术可以弥补以往通过电话进行静态查询的不足，满足海量数据和动态查询的需求，如股票、售后服务、车站查询等；也可用于基于微型机的办公、教学、娱乐等多媒体智能软件，例如语言学习、教学软件、语音玩具、语音书籍等；也可与语音识别技术和机器翻译技术结合，实现语音翻译等。

（三）语音编码技术的发展趋势

对于语音编码而言，语音压缩编码作为语音信号处理的一个分支，从目前的研究状况来看，它的未来发展趋势主要表现在如下几个方面：

1. 研究简化算法

在现有编码算法中，处理效果较好的有很多，但都是以算法复杂、速度低、降低性能为代价。在不降低现有算法性能的前提下，尽量简化算法、提高运算速度、增强算法的实用性，将是未来一段时间的研究课题。

2. 成熟算法的硬件将是研究重点

随着大规模集成电路技术的飞速发展，人们已经可以在单一硅片上方便地设计出含有几百万个晶体管的电路，信息处理速度可达到几千万次／秒的乘、加操作，这是未来通信发展的迫切需要。

3. 随着计算机技术的发展不断改善

语音压缩技术将不单单运用现有的几种技术，而是不断开拓和运用新理论及新手段，如将神经网络引入语音压缩的矢量量化中，将子波交换理论应用到语音特征参数的提取（如基音提取）中。由于神经网络理论和子波交换理论比较新，几乎是刚刚起步，它们的前景还比较难预料，但就其在语音压缩编码方面的应用而言，将有很大的潜力。

4. 语音性能评价手段将是研究的主要内容之一

随着各种算法的不断出现和完善，性能评价方法的研究日益显得落后。研究性能评价方法远比研究出一两种算法更为重要，所以，许多研究者致力于语音性能评价方法的研究。目前这方面的研究还没有大的突破，特别是 4 kbit/s 以下语音编码质量的客观评价还有待人们进一步研究和探索。

5. 研究语音的感知特性是未来很长一段时间内的基础工作之一

为了建立较为理想的语音模型且不损失语音中的信息，在研究中必须考虑人的听觉特性，诸如人耳的升沉、失真和掩蔽现象等。

总之，语音压缩编码技术的研究，在性能上将朝着高性能、低复杂度、实用化的方向发展，在理论上将朝着多元化、高层次化的方向发展。

第五章 城市建设

第一节 城市建设概述

一、城市建设活动

（一）基本概念

人类与动物的显著区别之一就在于其具有社会性，人类活动的范畴、路径、结果可以统一归结为社会活动。"城市"是人类生产、生活、交换、交流、交通的具有社会属性的特定空间和形态场所。人类的社会活动离不开对空间和形态的依赖，没有空间和形态的依托，人类的社会活动就无法开展。

除了自然生态系统，所有与城市有关的运行系统都与"特定空间和形态场所"紧密相关。如城市供给系统（供给食品、水源、能源等），城市交换系统（供给管网、排泄管网等），城市交通系统（地面硬化道路、水路航道、轨道交通、航空），城市交流系统（公共场所、通信等）。每一项都依托于一定的建筑物、构筑物、设施物、构件等。再如城市社会管理系统的物资输送运转、人员调配疏散、资金汇集结算、信息汇聚扩散等，也离不开构造物、设备系统的支撑。

（二）意义

城市建设活动对人类的社会活动具有重大影响，城市建设活动是城市运行和管理的基本组成部分，涉及城市运行和管理的方方面面。城市建设活动包括城市基础资料积累、城市规划活动和以规划为依据，通过具体的建设项目对城市系统内各种基础设施、建筑、构筑物进行建设，对城市人居环境进行改造。城市建设的内容包括城市系统内各个物质设施、建筑、构筑物的实物形态，是为城市运行、管理创造良好条件的基础性、阶段性工作，是过程性和周期性比较明显的一种特殊的经济活动。城市经过规划、建设后投入运行并发挥功能、提供服务，真正为市民创造良好的人居环境，保障市民正常生活，服务经济社会发展。

二、城市建设活动的任务

（一）城市规划

政府主导制定城市规划：包括城市发展和建设方针，区域规划、总体规划的编制，城市体系的布置；确定城市性质、规模和布局；统一规划、合理利用城市土地；综合部署城市各项基础设施建设；合理安排具体建设项目。

（二）城市建设

即城市系统内各类物质形态设施的实施、构建过程。城市系统包括城市的自然生态系统，城市环境系统，城市供给系统，城市交换、交通、交流系统，城市医疗生化系统，城市生产系统，还包括城市建筑系统的各类建筑物、构筑物、设施物等。

（三）城市管理

组织城市系统、建筑系统有机运行，通过一定的管理手段保证城市有秩序地运行，使城市的发展建设获得良好的经济效益、社会效益和环境效益。

城市规划是城市建设和管理的依据，城市建设是实现城市规划的手段和结果，城市管理是确保城市规划和城市建设实施的必要过程。

三、城市建设活动的行业属性和特征

城市建设活动是一个庞大的系统，这一系统涵盖了机构组织、公共管理、科研教育、地质勘察、建筑建材、水利水电、交通运输、技术服务、专业服务、环境管理、环保绿化等多个行业，由众多机构、部门、事业和企业单位组成。城市建设活动的行业属性非常繁杂，但有一些共同特征：政策主导（指目标趋向、公共需求），法律约束（程序严谨、权属明晰），行业交跨（跨行业、多交织），产品高大（投入高、尺度大、周期长），技术高新（科技水平高、技术更新快），难易交错，等等。

第二节 城市建设活动的行业划分和构成

一、城市建设活动涉及的行业、学科、专业和构成部门

（一）自然环境和现状、历史人文调查研究积累方面

1. 涉及行业

公共管理、科学研究、地质勘察、技术服务、专业服务、环境管理等。

2. 涉及学科或专业

气象学、水文学、水文地质学、地质学、工程地质学、矿物学、地震学、经济统计学、人口统计学、土地资源管理、环境科学与技术、历史社会学等。

3. 学科、专业构成或研究内容

（1）气象学

气象学是大气科学的一个分支。气象学的领域很广，其基本研究内容是大气的组成、范围、结构、温度、湿度、压强和密度等。通过研究大气现象的发生和本质，进而解释大气现象，寻求控制其发生、发展和变化的规律，采取一定的措施来预测和改善大气环境，使之适应人类的生产和生活需要，为城市建设服务。

（2）水文及水文地质

水文指自然界水的变化、运动等各种现象，是研究自然界水的时空分布、变化规律的一门学科。一些重要指标包括水位高低、水量大小、含沙量、汛期长短、结冰期等。

水系：地面水系的时空分布、变化规律。

水源：地表水、地下水的分布、变化规律。

（3）地质、工程地质

地质：一定地域内的地球物质组成、结构、构造、发育历史等特征。

土壤：土壤构成、种类和资源分布等。

地震：地震类型、分布和灾害影响等。

地形：一定区域的地形种类特征、地理位置等。

生态：生物群落与地理环境相互作用的规律。

（4）矿物及资源

矿物：矿种和分布规律等。

资源：资源的类型、数量和分布规律。

（5）经济统计

经济总量统计：国民经济总量统计——统计一定地区总的经济成果及生产能力。

产业发展统计：一定地区各个产业的经济成果及生产能力统计。

社会发展统计：一定地区相关的社会发展成果和类比数据。

（6）人口统计

调查统计人口数据，揭示人口发展变化规律。

（7）土地资源

土地资源：土地资源类别、特征和分布现状等。

土地利用：土地利用调查、统计、分析、规划、开发和保护等。

（8）基础设施

基础设施规模、数量、分布等。

（9）环境科学与工程

区域生态环境质量、生态保护和生态环境建设等。

（10）历史、社会、文化

历史发展变化和历史文化等。

4.行业构成部门

气象、水文、地质、矿产、地震、经济调查、统计、环境保护、历史社会研究、市政研究、规划研究、勘测勘察等部门。

（二）测绘、勘测勘察、地理信息系统方面

1.涉及行业

公共管理、科学研究、地质勘察、技术服务等。

2.涉及学科或专业

测绘科学与技术、地理学、勘测勘察、地理信息系统等。

3.专业内容

（1）测绘

大地测量：地面控制成果、地形实测等。

摄影测量与遥感：航空、航天、地面摄影测量等。

工程测量：地形、地质、水文、施工、运营测量等。

海洋测绘：海洋专题测量等。

地图制图：编绘、制印地形图、专题地图等。

（2）勘测勘察

地籍测量：地籍调查、测量、制图等。

地质勘察勘探：地质调查、勘察勘探、制图等。

岩土工程勘察：岩土工程勘察、可行性研究等。

（3）地理信息系统

城市信息系统：与城市相关的信息系统及其管理等。

其他信息系统：自然资源等其他信息系统及其管理等。

4.行业构成部门

测绘、勘测勘察、地图制图、工程地质勘察、信息研究等部门。

（三）城市规划编制设计方面

1.涉及行业

公共管理、科学研究、技术服务、专业服务等。

2.涉及学科或专业

城市规划与设计、风景园林规划与设计等。

3.专业内容

（1）城市总体规划纲要

市域城镇体系规划纲要，城市规划区的范围，城市职能、城市性质和发展目标，禁建区、限建区、适建区范围，城市人口规模，中心城区空间增长边界、建设用地规模和建设用地范围，交通发展战略及主要对外交通设施布局原则，重大基础设施和公共服务设施的发展目标，综合防灾体系的原则和建设方针等。

（2）城市总体规划

指标：城市性质和发展方向、人口规模、总体规划指标等。

用地：城市用地，规划范围，城市用地功能分区，工业、对外交通运输、仓库、生活居住、大专院校、科研单位、绿化等用地。

交通体系：城市道路，交通运输系统，车站、港口、机场等主要交通运输枢纽的位置等。

交通：主要广场位置、交叉口形式、主次干道断面、主要控制点的坐标及标高等。

公共建筑：大型公共建筑规划布点等。

工程规划：给水、排水、防洪、电力、电信、煤气、供热、公共交通等各项工程管线规划，园林绿化规划。

保护规划：人防、抗震、环境保护等方面的规划，旧城区改造规划等。

城镇体系规划：郊区居民点，蔬菜、副食品生产基地，郊区绿化和风景区，卫星城镇发展规划等。

（3）城市近期建设规划

城市总体规划层面下城市近期发展目标和建设时序，人口及建设用地规模、范围和主要工程项目，近期建设用地和建设步骤，近期建设投资估算，等等。

（4）分区规划

城市总体规划层面下城市局部地区的土地利用、人口分布、建筑及用地的容量、主次干道、公共设施、基础设施等配置，红线位置、用地范围、断面、控制点坐标和标高等。

（5）控制性详细规划

城市总体规划和分区规划层面下局部地块的土地使用、建筑建造、设施配套、规划线控制等。

（6）修建性详细规划

城市总体规划、分区规划、控制性详细规划层面下各项建筑和设施的建设条件分析，空间布局和景观规划设计，总平面布置，道路交通、绿地系统、工程管线规划设计，竖向规划设计，估算工程量、拆迁量和总造价，分析投资效益等。

4.行业构成部门

城市规划编制、设计、研究、风景园林规划等部门。

（四）城市建设管理方面

1.涉及行业

公共管理、环境管理、环保绿化、专业服务等。

2. 涉及学科或专业

发展和改革立项管理、规划管理、国土资源管理、文物管理、地震管理、人防管理、消防管理、水利管理、建设管理、房产管理、测绘管理、拆迁管理、市政市容管理、环境卫生管理、环境保护管理、园林绿化管理、城市管理、公共交通和城建档案管理等。

3. 专业内容

（1）发展和改革立项管理

固定资产投资管理：固定资产投资规划和年度计划，重点建设项目和政府投资年度计划，土地利用规划与年度计划，建设项目审核、审批、申报、备案，建设项目招投标审批备案，政府投资项目初步设计概算审批，投资备案项目综合管理，政府投资非经营性项目代建等。

城市发展规划：城市基础设施发展规划和近期建设规划，综合交通运输、能源发展规划，城市基础设施重大建设项目布局，城建、水务、园林、交通、商品房屋建设和保障性住房等投资计划，轨道交通线网规划、建设计划、投资管理等。

（2）规划管理

总体规划编制：城市总体规划、乡镇规划的编制、审查、报批、评估，专项规划和特定地区规划的编制、审查、报批，近期建设规划、规划年度实施计划的编制、审查和报批，城市总体规划管理政策措施、规范和技术标准，等等。

详细规划：中心城区总体规划、控制性详细规划以及专项规划的编制、审查、报批，控制性详细规划相关政策措施、技术标准和管理规范等。

建设用地规划管理：项目前期规划论证和规划选址，建设项目用地规划行政许可等。

建设工程规划管理：建设工程规划行政许可，相关政策措施、技术标准和管理规范等。

基础设施规划管理：基础设施工程规划行政许可、规划道路红线管理等。

管线工程规划管理：管线工程规划行政许可等。

测绘管理：基础测绘管理、测绘与地理信息资质资格审查、地下管线普查、地图制图管理等。

（3）国土资源管理

国土资源规划：国土资源综合规划，土地利用、矿产资源、地质环境等总体规划，基本农田保护、土地开发整理复垦、矿产资源开发利用保护、地质环境保护等专项规划，建设用地预审等。

耕地保护：耕地保护、集体建设用地利用、农用地使用监督管理，土地整理、复垦、开发，占用耕地建设项目占补平衡，土地整理储备、宜耕土地后备资源库、补充耕地储备库等。

地籍管理：土地调查（地籍调查、土地利用现状调查）、统计、确权、登记、动态监测，土地权属争议调处，地籍测绘等。

土地利用：国有建设用地和土地市场秩序监督管理，国有土地使用权招标、拍卖、挂牌出让，土地储备，土地价格评估，企业土地资产处置等。

征地管理：农用地转为建设用地、征用集体土地监督管理，农用地用途管制，土地征用安置补偿，征地区片综合地价测算等。

矿产资源勘察：矿产资源储量管理和地质勘察管理，矿产资源储量登记、统计以及动态监测等。

矿产资源开发：矿产资源开发、利用、保护的监督管理，征收、管理矿产资源补偿费等。

地质环境：地质环境保护、地质遗址保护的监督管理，矿山环境保护与恢复治理，地质环境动态监测，地质灾害突发事件应急预案等。

（4）文物管理

文物保护规划，文物保护工程方案论证、设计、施工、质量监督与验收，重点文物保护单位、历史文化名城、世界文化遗产项目申报，配合基本建设进行的各类考古发掘等。

（5）地震管理

震害防御、抗震设防管理：地震灾害预防和抗震设防，建设工程抗震设防审定，建设工程地震安全性评价报告评审与批复等。

应急救援：地震应急避难场所规划、建设等。

（6）人防管理

人防工程建设规划和计划，地下空间开发利用规划，地下交通干线、地下公共基础设施的防护设计审查，结合民用建筑修建防空地下室和异地建设防空地下室审核审批等。

（7）消防管理

建设工程消防设计审核、备案，建设工程消防竣工验收，建设工程竣工验收消防备案等。

（8）水利管理

水利规划：水利发展规划和年度计划，水利工程规划，水利基建项目立项核准等。

水资源保护：水资源保护规划、城市供水水源规划，取水（含矿泉水、地热水）许可等。

水利工程管理：河道、水库、湖泊等水域、岸线、河口、滩地和水利工程的开发、利用、管理与保护，水利建设项目验收等。

（9）建设管理

建设项目近期实施计划：参与建设项目近期实施规划，参与年度城市建设项目固定资产投资计划、决策，编制和审查城市建设前期项目的项目建议书和可行性研究报告、勘察设计，参与城市建设项目的项目建议书和可行性研究报告审查等。

城市基础建设项目管理：城市基础设施、路桥交通设施、公共设施、市容环境设施年度建设计划、资金统筹管理，城市维护建设资金统筹管理，城市基础建设项目初步设计审查、前期报批、组织实施、竣工决算等，城市配套设施建设费征收、监督、管理等。

建设项目施工管理：建设项目施工许可的审核发放及监督管理等。

建筑业管理：建筑企业资质管理，建设项目监理企业、招标代理机构和工程造价咨询单位等的资质审查和监督管理等。

建筑市场管理：建筑市场秩序、信用体系、准入管理，建设项目招标、投标监督管理，建设项目合同监督管理，建设项目工程款结算纠纷调处，建设项目工程造价管理等。

建筑节能与建筑材料管理：建筑节能、建筑材料规划、推广、市场准入及使用监督管理，建筑节能与墙体材料革新和散装水泥管理等。

工程质量管理：建设项目工程质量管理及监督，建设项目竣工验收备案，工程质量事故调查，抗震设计审批，监理管理等。

施工安全管理：建设项目施工安全管理，安全生产许可审批和监督，安全监督备案工作等。

（10）房产管理

住房保障管理：住房保障和房屋管理的规划、研究、政策制定，住房保障规划和计划，经济适用房、廉租房、公共租赁房、棚户区（旧城）改造等保障性住房的管理，住房制度改革等。

住房配套管理：住房配套建设管理等。

房产权籍管理：房屋测绘、房屋登记管理，房屋产权产籍管理，房屋权属纠纷调解处理等。

房地产市场监管：房地产市场动态监测、分析、调控政策、秩序整治，房屋租赁市场管理等。

房屋修缮和改造管理：房屋修缮和优秀历史建筑保护管理，旧住房修缮和改造管理，房屋安全使用管理等。

物业管理：物业管理和公房资产管理，专项维修资金监督管理等。

（11）拆迁管理

房屋拆迁管理：房屋拆迁管理政策，年度房屋拆迁计划，重大市政拆迁管理等。

（12）市政市容管理

市政管理：市政管线、管道、设施建设规划，年度修建、维护计划，市政管线、管道、设施监督管理，城市路灯照明和景观照明管理，城市道路广场占道和挖掘管理，停车场（点）行业管理等。

市容景观管理：制定城市景观容貌标准，落实市容环境责任区，市容市貌整治规划、建设和治理，城市建筑物和设施张贴、张挂宣传品审批管理；沿街店面整修和各类破墙开店（门）审批管理；便民摊、点、亭、棚审批管理等。

户外广告管理：户外广告、牌匾标识、标语和宣传品设置管理，户外广告设施使用权出让、城市空间资源中户外广告设施使用权资产管理等。

环境建设规划：会同规划部门编制城市环境建设规划等。

（13）环境卫生管理

环境卫生管理：环境卫生管理规划和年度修建、维护计划；市容环境卫生责任区、责任制；环境卫生清扫保洁管理和公厕管理，参与垃圾收费监督管理，设备设施管理、检查、更新等。

固体废弃物管理：生活垃圾、餐厨垃圾、粪便、工程渣土等固体废物收集、运输、处置和设施建设等。

（14）环境保护管理

污染物排放控制：污染物排放总量控制措施，污染源普查，核安全和辐射安全、放射性废物监督管理，土壤污染防治、固体废物、医疗废物、危险废物、危险化学品等监督管理，污染事故应急处理等。

大气污染控制：大气、噪声、光、恶臭及机动车尾气污染防治；大气（臭氧层保护）污染防治、预警，大气污染物排放许可、排放申报登记、治理和达标排放，大气污染事故应急处理等。

水污染控制：水污染防治监督管理，水污染物排污申报登记、排污许可、污染源限期治理和达标排放等。

自然生态保护：生态保护和农村环境保护规划，自然资源开发利用、生态环境建设和生态破坏恢复等。

环境影响评价：预防、控制环境污染和环境破坏等。

环境保护监测：环境保护科技监测、环境监测站、环境质量等监测数据审核等。

（15）园林绿化管理

园林绿化管理：城市绿地系统规划，年度修建、养护计划，园林绿化修建、维护、管理，城市绿地临时使用、占用和砍伐、移植树木审批管理，园林绿化业务技术指导，城市古树名木保护，施工单位资质管理，绿化工程招投标，等等。

公园风景区管理：公园、广场、水系、风景名胜区规划和年度修建、维护计划，公园、广场、风景名胜区维护、管理等。

野生动植物保护：自然保护区管理和陆生野生动植物保护等。

（16）公共交通建设运营管理

城市快速公交场站建设管理、城市轻轨交通设施建设管理、地铁建设管理等。

（17）城建档案管理

城建档案业务指导：指导、检查文件材料的形成、积累、立卷、归档与整理，指导城建档案移交，参加工程竣工档案验收等。

档案接收：接收建设系统业务管理档案，接收建设工程档案，接收社会捐赠档案等。

档案管理与保护：整理、编目，管理情况统计，鉴定、保管与保护，电子文件与电子档案、声像档案管理等。

档案利用：档案查考利用、档案编研、档案信息公开与服务等。

4.行业构成部门

发展和改革管理、规划管理、国土资源管理、文物管理、地震管理、人防管理、消防管理、水利管理、建设管理、房产管理、测绘管理、拆迁管理、市政市容管理、环境卫生管理、环境保护管理、园林绿化管理、公共交通运营、城建档案管理、地下管线信息管理等部门。

（五）土木工程设施科研教育、设计、施工方面

1.涉及行业

建筑建材、水利水电、交通运输、环保绿化、专业服务等。

2.涉及学科或专业

建筑学、土木工程、建筑技术科学、建筑材料、建筑设备、施工管理、施工技术、施工机械设备、工程监理。

3.专业内容

建筑学：建筑概论、建筑设计、建筑力学、建筑构造、建筑结构、建筑技术，建筑材料、建筑设备、地基基础、城市规划、风景园林建筑等。

土木工程：岩土工程、结构工程、市政工程、供热、供燃气、通风及空调工程、防灾减灾及防护工程、桥梁隧道工程、园林绿化工程、古建筑工程等。

建筑材料：结构材料包括木材、竹材、石材、水泥、混凝土、金属、砖瓦、陶瓷、玻璃、工程塑料、复合材料等；装饰材料包括各种涂料、油漆、镀层、贴面、各色瓷砖、具有特殊效果的玻璃等；专用材料包括防水、防潮、防腐、防火、阻燃、隔声、隔热、保温、密封等材料。

建筑设备：包括建筑给排水、建筑通风、建筑照明、采暖空调、建筑电气、

电梯等。

　　施工管理：施工组织设计，施工测量，施工材料检验，施工进度、质量控制，施工现场问题处理等。

　　施工技术：土方工程、砌筑工程、钢筋混凝土工程、结构安装工程、防水工程、装饰工程等施工工艺、方法、措施。

　　工程监理：工程建设的投资控制、建设工期控制、工程质量控制、安全控制，信息管理、工程建设合同管理，协调有关单位之间的工作关系。

　　4.行业构成部门

　　工程勘察设计、工程咨询、工程管理、施工维护、工程监理部门，建筑材料、建筑设备研究、制造、生产、经营部门，建筑科研院校。

二、城市建设活动的分类

　　（一）城市基础资料积累调查活动

　　城市基础资料是指包括气象、水文、水文地质、地质、工程地质、矿物、地震、经济统计、人口统计、土地资源、环境科学与工程、历史、社会等方面的文字记载、图纸、数据表格等资料。每个城市的各类基础资料都是经过长期积累形成的，它们往往分散在不同的行业和部门，有些是历史上逐步积累保存的资料，有些是当今不断形成产生的材料。从产生这些资料的行业和部门的属性看，这些行业和部门似乎与城市建设活动没有必然的联系，如气象部门、统计部门并不一定归属于城市建设系统，但是从城市运行的完整系统来看，这些行业、部门研究的对象和最终生成的资料，却对城市建设活动有很大的影响。

　　城市基础资料可以使人们直观地知晓城市的历史和现状，一目了然地了解城市的概况，可以从不同侧面反映城市的特点和内涵，从各个层面帮助我们研究和探寻城市的各个要素。更重要的是基础资料可以为城市规划提供基础数据，经过统计分析和研究提炼，这些数据将成为指导城市未来发展方向的重要依据。因此，有关城市基础资料积累、调查、统计、研究，在当今越来越受到重视，逐步发展成一项收集和研究城市建设基础资料专门活动。

　　（二）城市建设积累延续活动

　　每一个城市都是经过长期的建设才形成当今的规模。城市建设活动不是一朝一夕的事情，必须有一个过程，是一项长期的积累活动；同时，历史都是在延续的，所以决定了城市建设活动必须继承和保护历史延续和遗留的东西。

这一类活动主要包括：

1. 延续和维护城市建设成果的活动

如城市最基础的框架——道路系统的扩建、翻新和维护，与城市空间环境休戚相关的绿化、养护等。前人修的路和栽的树，后人不断地翻新和精心养护。

例如，北京长安街修建于明代，1406 年到 1420 年与皇城同时建造，距今有 600 多年的历史。明清之时，长安街仅长七八里，有十里长街之称。新中国成立后随着北京成为全国的政治文化中心，长安街作为体现首都政治、文化和外交功能的中华大道，不断拓宽和延长。现在的长安街以天安门广场的中轴线为界，分为东、西长安街两大段，路面宽度 50～100 m，总长约 94 里，有"百里长街"之誉。

2. 修缮和保护历史遗迹、古建筑、老建筑的活动

历史遗迹、古建筑、老建筑包括具有历史、艺术、科学价值的古文化遗址、古墓葬、古建筑、石窟寺和石刻、壁画等；与重大历史事件、革命运动或者著名人物有关的以及具有重要纪念意义、教育意义或者史料价值的近现代重要史迹、实物、代表性建筑等。地下遗址、文物实施强制性的原址保护措施，无法实施原址保护的须迁移到异地保护或者拆除保护。地上历史遗迹、古建筑、老建筑采取维持原样的本体保护，如郑州商城遗址的土城墙。有的进行维护加固的修缮保护，现存许多古建筑、老建筑都采取了加固措施。有的采取发掘重建的发掘保护措施，如许多保存文物特别丰富，并且具有重大历史价值或者革命纪念意义的历史文化名城、历史文化街区、村镇等。

（三）测绘、地质勘察活动

测绘是一门古老的学科，测绘研究的对象主要是地表的各种地物、地貌和地下的地质构造、水文、矿藏等，如山川、河流、房屋、道路、植被，等等。测绘的层次和手段包括大地测量、普通测量、摄影测量、工程测量、海洋测绘等。当今，计算机和航天技术高度发达，航天遥感为测绘提供了强有力的技术手段，可以为我们提供地物或地球环境的各种丰富资料，信息容量远远大于测绘本身，在国民经济、城市建设和军事等许多方面得到了广泛

的应用，例如气象观测、资源考察、地图测绘。

在城市建设领域，测绘是基础。城市规划设计、土地资源利用、矿产资源开发等都必须在测量绘制地形图和现状图的基础上进行。我们通常见到的地图、交通旅游图也都是在测绘的基础上完成的。

（四）城市规划编制设计活动

城市规划是一定时期内城市发展的蓝图，是城市建设和管理的依据。现在，通常把城市建设的过程分为城市规划、城市建设、城市管理三个阶段，那么城市规划就是这三个阶段的龙头。这一类活动主要包括两个阶段、六个层次，即总体规划阶段和详细规划阶段；城市总体规划纲要、城市总体规划（含市域城镇体系规划和中心区域规划）、城市建设规划、分区规划、控制性详细规划和修建性详细规划。

城市规划的编制是一项非常复杂浩繁的工作。研究对象专业宽泛，内容繁杂，工作周期漫长，程序严谨。编制规划通常要进行现场踏勘或观察调查，进行抽样调查或问卷、访谈、座谈等多种形式的调查，同时查阅大量的文献资料，汇集大量的城市基础资料，进行反复类比和分析研究。城市规划基础资料就是在这一阶段产生和发挥作用的。通过现场踏勘调查、收集与整理基础资料，然后定性定量地系统分析整理，最终不断提出城市未来的发展方向，提出解决重大问题的对策。

（五）建设项目前期立项审批准备活动

建设项目主要是指基本建设项目，是指按一定的规划设计组织施工，建成后具有完整的系统，可以独立地形成生产能力或者使用价值的建设工程。管理主体或业主是企业（或联合企业）、机关、事业单位。

通常情况下，建设项目前期要经历复杂的立项、勘察设计、规划选址、土地预审等环节，然后进入到规划部门的建设用地审批、建设工程审批，国土资源部门的土地征用审批，再进行建设管理部门的建设工程施工审批，最后进入到开工建设环节。

主要环节和流程：

1.发改委可行性研究报告和立项

先对项目进行地质勘察、文物勘探、初步设计；国土部门土地利用规划和供应方式审查；建设部门项目建设条件审查；环保部门环保意见审查；

文物、地震、人防、消防、交通、水利、园林等部门相关专业审查；规划部门项目选址意见书。

2. 规划总图审查及规划设计条件

人防工程建设布局审查；国土土地预审；地震、消防、交通、水利、环保、园林等部门相关专业审查；规划部门规划总图评审，核发《建设用地规划许可证》，确定建设工程规划设计条件。

3. 初步设计和施工图设计审查

规划要求审查；抗震设防审查；消防设计审查；交通条件审查；人防设计审查；用地预审；市政部门、环保部门等相关专业审查；建设部门初步设计批复，施工图设计文件审查。

4. 建设工程规划许可

消防设计审查；人防设施审查；建委、地震、市政、园林、环保等相关专业审查，规划部门核发《建设工程规划许可证》。

5. 建设工程施工许可

建设单位对工程进行发包，确定施工队伍（招标类工程通过招标确定施工队伍，非招标类工程直接发包）；建委对造价、招标投标、施工合同签订、施工监理等开工条件进行审查，核发《建筑工程施工许可证》。

由此可见建设项目前期立项审批准备活动周期漫长，环节复杂，涉及的管理部门很多，要完成很多法律程序和法律文书，是项目建设管理和城市建设管理的必经阶段。

（六）城市建设管理活动

主要是指城市建设行政管理的若干归口专业部门的管理活动，包括发展和改革、规划、国土、地震、文物、人防、消防、水利、建设、房产、拆迁、市政、市容、环保、绿化、城建档案管理等部门。这些归口专业部门是政府职能部门，依照法律法规行使政府管理城市建设方面的行政许可和行政执法事项以及审批、审核、备案等职能。

城市建设管理活动具有一些明显的特性：执法性、强制性、调控性、引导性、规范性、协调性等。管理活动的服务对象是建设单位，管理主体是建设项目，管理过程是行政审批、审核或备案，管理结果是行政许可证和权属证等法律文书的核发。

（七）城市基础设施建设管理活动

城市基础设施是城市生存和发展所必须具备的工程性基础设施和社会性基础设施，这里指的是工程性基础设施。

交通设施：分为对内交通设施和对外交通设施。前者包括道路、桥梁、隧道、地铁、轻轨、公共交通、出租汽车、停车场、轮渡等；后者包括航空、铁路、航运、长途汽车和高速公路等。

供、排水设施：包括自来水厂、供水管网、排水和污水处理设施等。

能源设施：包括电力、煤气、天然气、液化石油气、暖气、石油和太阳能设施等。

邮电通信设施：如邮政、电报、固定电话、移动电话、互联网、广播电视等。

绿化、环保、环卫设施：如花草树木、广场、雕塑、水系、垃圾收集与处理、污染治理等。

防灾、公益设施：如消防、防汛、防震、防台风、防风沙、防地面沉降、防空、广告等。

城市基础设施建设管理活动主要指由政府投资兴建和管理的纯公益性设施项目，或者前期是政府投资兴建，后期改制成为收费盈利项目。那些直接由社会力量投资兴建、具有盈利性质的基础设施建设管理活动划入土木工程设施施工管理活动。

（八）地下管线管理活动

地下管线是指城市的燃气、供热、供水、雨水、污水、中水、电力、输油、照明、通信、广播电视、公安交通等基础设施地下管线。

目前，地下管线管理越来越受到重视，已被纳入专门的城市建设管理活动。其重要原因是：

首先，城市地下管线一般敷设在城市道路系统下面。过去，管线权属单位各自为政，不按城市规划只按自己的计划敷设管线，造成道路反复开挖，重复复原施工，既浪费资金又严重影响道路通行。现在人们逐步认识到，随着道路的新建、翻新、改扩建，依附于城市道路的各种地下管线，必须与城市道路同步建设。而同步建设涉及很多管线权属单位，因此必须由政府出面，强力协调，统一规划，统一部署，统一行动，来加强地下管线管理工作。

其次，随着城市功能的调整和城市建设的发展，城市地形地貌、用地、规划布局不断发生变化，新建、改建、扩建项目不断增加，如何对城市管线特别是地下管线进行精确、高效的管理就显得非常重要。地下管线埋于地下，不容易直观地看到和管理。为了合理地开发利用地下空间，必须全面、系统地管理好地下管线。

最后，城市地下管线是非常复杂和危险的系统，各种管线交织在一起，水、电、气、暖，电压、水压、气压，等等，存在很多安全隐患。所以必须加强地下管线管理，把地下管线情况搞清楚弄明白，杜绝隐患，特别是要控制随意开挖，胡乱开挖。这就要求一方面对地下管线进行普查，查清历史遗留管线的真实情况；另一方面实行动态管理，建立地下管线信息管理系统，新埋管线的档案资料要统一管理，集中归档保管，及时将管线的走向、高程、节点等重要数据和竣工资料、补测补绘资料输入系统。做到新管同步建设，老管管网普查，最终实现动态管理。

第三节 城市建设活动的主要流程

一、城市整体建设的主要流程

城市整体建设的主要流程是描述城市整体建设活动如何运行，城市整体建设领域各专业、部门的工作内容和他们之间的工作关系、业务衔接等。

城市整体建设活动包括两大类：一是城市各级政府的建设和管理活动；二是城市建设管理职能部门的管理和辅助建设活动。

（一）城市各级政府的建设和管理活动

1. 规划和计划

城市各级政府组织编制、审查、上报城市总体规划、国土规划、城市建设计划等，在规划和计划的执行过程中进行落实、调控、监督和管理。

主要流程是：主持调查研究—组织发展和改革、规划、国土等相关部门编制规划—主持提出城市建设计划—审查和上报；在规划和计划的执行过程中落实目标—调控偏差—监督检查—管理事务。

2. 建设和管理

城市各级政府建设和管理道路系统（包括道路、桥梁、隧道主体和它们两侧的附属设施），绿化、景观系统，广场、游园系统，河流、湖泊水系等。

主要流程是主持调查研究—提出建设计划—提交规划部门进行规划设计—提交财政部门落实资金—协调前期拆迁准备工作—组织建设部门进行施工—移交归属的业主或物业管理部门。

（二）城市建设管理职能部门的管理和辅助建设活动

1. 测绘、勘测、工程地质勘察

为城市规划、建设活动提供各种测绘、勘测、勘察数据、地形图、现状图等。这项工作是一项长期积累和不断更新的基础性工作，是城市建设活动的基础。如城市规划编制设计一般都要取得地形图和现状图，在这些图上面做出规划图，建设项目在进行初步设计时必须进行工程地质勘察，探明地质和地下文物情况。

2. 规划编制和设计

编制各类总体规划、详细规划、专项规划等，进行具体的项目规划设计活动。

城市建设必须并严格按照统一的、科学的规划来进行。城市规划是一项系统性、科学性、政策性和区域性很强的工作。从提出和编制总体规划到做好详细规划，从编制专项规划到项目规划的设计，每一步、每一个环节都有内在的联系，它要预见并合理地确定城市的发展方向、规模和布局，做好环境预测和评价，协调各方面的关系，统筹安排各项建设，使整个城市的建设和发展达到技术先进、结构合理、环境优美的综合效果，为城市人民的居住、劳动、学习、休息以及开展各种社会活动创造良好的条件。

主要是由规划主管部门组织城市规划的编制和设计工作，规划设计单位承担具体的编制设计任务。各行业的专项规划在规划主管部门的统筹下由行业主管部门负责组织编制。

在总体规划层面下的城市近期建设规划、控制性详细规划和其他规划，由具有相应资质的规划编制单位编制设计，报规划主管部门审查。

建设项目的修建性详细规划和项目规划设计，由建设单位组织委托编制，报规划主管部门审批。

规划编制设计是针对城市建设和项目建设进行规划、设计，其结果是规划文本和各类图纸。如：一座城市的总体规划图、一个居住区项目的修建性详细规划文本和图册。规划编制设计一般又分为技术层面的工作——由具有相应资质的规划设计部门根据要求进行编制设计，提出最终的文本和图册。审批层面的工作——由立法、执法部门审核批准生效，在一定时期内指导城市建设或建设项目按规划进行。

3. 规划管理和国土管理

城市规划管理和国土管理部门在整体规划的执行过程中对城市规划、国土使用情况进行监督和管理。对建设项目依法进行用地规划审批，建筑规划审批，紫线、绿线、蓝线、黄线、红线等的控制审批。

规划和国土管理是对选址方案提出意见，对设计方案进行比较、筛选，从法规和程序的层面进行把关、审批，使城市建设和项目建设有序、合理、互不干扰，具有法律效力。如：城市道路的规划控制红线的确定，关系到沿路许多房屋是保留还是拆除；相邻建筑物的间距决定了建筑物的采光、通风、噪声干扰等，涉及千家万户的居住条件是否能够达到技术标准和规范的要求。这些因素都要在规划管理中考虑和解决。

4. 建设管理

建设管理工作包括：设计审查—招标投标—造价管理—合同管理—施工许可—施工管理—质量监督—竣工验收备案；市政基础设施、各种配套设施建设管理，项目综合验收，政府投资的道路、桥梁、雨水、污水、供水、供气、供热、交通设施、绿化等工程的组织实施和移交工作，城建项目预算、决算审核，城市建设重大项目的审计，建筑企业资质管理等。

5. 房产管理

保障性住房建设管理、商品房预（销）售管理、房地产转让管理、房屋基础测绘、房屋产权登记管理等。

二、建设项目主要流程

建设项目主要流程是指建设项目从项目建议、可行性研究、决策立项、规划设计、行政审批、项目实施到竣工验收、决算审计、投入使用的整个过程中，各项工作必须遵循的先后次序。建设项目程序的内容和步骤主要有：前期工作阶段，主要包括项目可行性研究、规划设计及审批工作；建设实施阶段，主要包括施工管理、项目实施；竣工验收阶段。这几个大的阶段中每一阶段都包含着许多环节和内容。

（一）项目前期工作阶段

1.项目建议、可行性研究、立项

项目建议、可行性研究、立项是在项目决策前，对各种可能的建设方案和技术方案进行比较论证，并对项目建成后的效益进行预测和评价。可行性研究报告是确定建设项目、编制设计文件和项目最终决策的重要依据。

（1）发展和改革管理部门申办项目建议书和立项。申办可行性研究报告审查。

（2）国土资源管理部门申办土地利用总体规划和土地供应方式审查。

（3）建设管理部门申办投资开发项目建设条件意见书。

（4）环保管理部门申办生产性项目环保意见书。

（5）文物、地震、园林、水利、电业、市政等管理部门申办相关专业内容审查。

（6）规划管理部门申办项目选址意见书。

（7）发展和改革管理部门进行项目立项批复。

2.建设项目用地规划许可、建设用地批准

（1）规划管理部门申办建设用地规划许可事项。

（2）国土资源管理部门申办土地预审（国有土地使用权出让）。

（3）规划管理部门规划总图评审，核发《建设用地规划许可证》。

（4）规划管理部门确定建设工程规划设计条件、红线图。

（5）国土资源管理部门申办建设用地批准书。

（6）征地拆迁安置、补偿，场地拆迁，三通一平。

（7）国土资源管理部门申办土地证。

3.规划总图设计审查

（1）规划管理部门申办总平面图审查。

（2）建设管理部门申办工程规划设计审查。

4.建设工程规划许可、施工图设计审查

（1）规划管理部门申办建设工程规划许可事项。

（2）消防管理部门申办消防设计审查意见。

（3）交通管理部门申办交通条件审查意见。

（4）人防管理部门申办人防设计审查意见。

（5）地震管理部门申办抗震设计审查意见。

（6）相关管理部门申办相关专业审查意见。

（7）建设管理部门申办初步设计审查和施工图设计审查批准书。

（8）规划管理部门核发《建设工程规划许可证》。

（9）城建档案管理部门发放《竣工档案报送责任书》。

5. 建设项目施工许可

（1）建设管理部门申办施工许可事项。

（2）建设管理部门申办项目施工和监理发包，申办招投标事项。

（3）建设管理部门申办签订项目施工和监理合同，申办项目造价审查。

（4）建设管理部门核发《建设工程施工许可证》。

（5）建设管理部门申办项目开工报告。

（二）项目建设实施阶段

1. 施工管理

建设单位及监理单位负责工程施工日常管理和监理。

2. 施工

施工单位组织施工活动。

（三）项目竣工验收阶段

1. 工程质量监督部门申办竣工验收备案审查。

2. 规划管理部门、市政管理部门、水利、环保、文物、消防、园林、城建档案等管理部门申办相关专业验收。

3. 建设管理部门组织综合验收。

4. 城建档案管理部门申办竣工档案专项验收，报送竣工档案，发放《竣工档案合格证》。

5. 建设管理部门申办建设工程竣工验收备案。

6. 房产管理部门申办房产登记，核发《中华人民共和国房屋所有权证》。

第六章 城建档案

第一节 城建档案的定义

一、城市的起源与城建档案的产生

城市是人类社会经济发展到一定阶段的必然产物。由于各个国家和地区经济发展水平的不同，城市出现的时间也各有不同。关于中国城市出现的时间，目前学术界仍有争议。但一般认为，当生产力发展到一定水平，人类出现第三次社会大分工，就具备了形成城市的基本条件。

我国是世界上最早产生城市的国家之一。早在新石器时代，原始农业和畜牧业的出现，使各地普遍存在许多公社，如仰韶文化、马家窑文化时期，以关中、豫西、晋中一带为中心，形成了母系氏族公社的村落分布群。而长江流域也存在许多以农业为主的原始村落。到新石器时代晚期，进入父系氏族公社时期后，农业生产有了很大的发展，农业与牧业分离，为商品的交换提供了可能，出现了原始的市集。进入文明社会后，手工业从农业中分离出来，生产力有了更为显著的提高，交换的需求也更加强烈，交易的场所由原始市集逐渐形成固定的集市。此时，原始村落的居民点进一步分化，形成以农业为主的乡村和以商业、手工业为主的集镇。实际上这个时期与"城郭沟池以为固"的时代也是基本一致的。所以，我国早期的城市是原始社会末期向奴隶社会过渡的时期逐步发展起来的。

到了夏朝，我国出现了早期城市的雏形。如河南登封县王城岗的西墙长 92m，南墙长 82.4m。到了商代，商业从手工业中分离，进一步促进了早期城市的形成，以河南偃师二里头、湖北黄陂盘龙城、早期商城、晚期商城殷、三星堆蜀王城为主要代表。这个时期出现了宗庙、宫室、城墙、城壕、手工作坊等。据统计到商代末期，我国已有早期城市 26 座。到了周代实行分封制后，出现了我国历史上第一次城市建设高潮。

有城建活动，便有了图样、图纸之类的图件，从而也形成了相关的档案。中国城建图件的起源很早，而且，城市的形成与城建图件的产生密不可分。在古代城建活动中，往往是先有规划图才建成城市，城市建设几乎无不依图而建。相传黄帝时代就有"方制万里，画野分州"，来划分疆界。现有文字记载可证的最早的地图就是西周初年的洛邑图。当初周成王派周、召两公营建洛邑，绘制成图，上报成王，即《尚书·洛诰》记载有"伻来以图及献卜"。这就是中国最早的城市图。因此，洛邑的营建就是个很好的例证。而中国最早的实物图证据，即长沙马王堆汉墓出土的绘制在帛上的城邑图，更是详细地标注了城的范围、城门堡、城墙楼阁、城区道路等，并用象形符号标出宫殿的位置。从《周礼·考工记》的记载和东周王城的考古发掘，完全可以得到证实，西周的城市已进行过规划，而且最早使用了平面设计图，也就是我们所说的城市建设蓝图。因此，《尚书·洛诰》记载的洛邑图，以及长沙马王堆汉墓出土的城邑图，都是中国城市规划最早使用的平面图。也就是说，城市规划必须有平面图，而平面图正是框定城市范围和分区划界、合理布局的主要标志，是用于指导城市建设和发展的重要依据。

从西周的丰镐起，直至元明清的北京城，都是依据规划图兴建的著名都城。都城如此，地方城市也不例外。由于古代城建都是严格按图施工，因此，以规划图而建之城，其规划图实际上就相当于竣工图。我们还可以从《平江图》和《静江府城池图》得到验证，这两种图虽然都不是当初的规划图，但它的详细度和准确性都跟现实是完全一致的。尤其是《静江府城池图》，实际就是该城竣工时的总平面图。由此可见，城市图件作为城建档案的前身，在中国已经具有数千年的历史，城建档案的产生与城市的建设密不可分，古来如此，今时亦然。

二、城建档案的定义

我们认为，城建档案是人们在城乡规划、建设、管理、科研工作等活动中形成的，是对国家和社会具有保存价值的文字、图纸、图表、声像以及特定实物等各种形式和载体的历史记录。

这一定义的基本含义有以下三个方面：

（一）城建档案是人们在有关城乡建设的社会实践活动中形成和积累的

这一含义说明了城建档案的来源和性质。城建档案是人们从事城建活动的产物，是一种社会现象，而不是自然现象。在纷繁复杂的社会里，档案总是依附人类社会实践活动形成的。城建档案来源于城乡规划、设计、施工、管理和科研等城乡建设的具体实践活动，产生于从事城乡规划、设计、施工、管理和科研等各个领域的组织和个人。这就是说，城建档案的形成必须以人们的城建活动为前提，并且是由城建活动的具体内容所决定的。

（二）城建档案是对国家和社会具有保存价值的历史记录

这实际是对城建档案保存范围的确定，是城建文件转化为城建档案的重要前提。档案与文件既有联系，又有区别。文件是形成档案的基础，档案是文件的精华，档案是人们按照文件的运动规律，自觉地从已形成的文件中鉴别挑选后才保存下来的。文件作为档案保存是有条件的。首先，城建档案是有保存价值的。当城建文件材料在办理完毕之后，其中一部分随着现行效用的完成，已失去存在的社会价值和生命力。而另一部分文件，由于对国家和社会仍具有使用价值，被保留下来转化为城建档案。因此，保存价值是城建档案存在的内在依据，也是文件转化为档案的前提条件。其次，城建档案是城市建设实践活动的直接记录。一方面，它是当时、当事的原始记录，具有历史性；另一方面，它是城建活动的产物，具有记录性。

（三）城建档案的载体形式多样

城建档案是城建实践活动的产物，是对城建事物的记录，这种记录必须附着在一定的物质材料上才能够体现，这就是所谓的载体。从城建档案的形式来看有直接载体和间接载体两种。直接载体也可以理解为内在形式，它分为两个层面：一是记录人们认识的具有一定意义的符号信息，如文字、图形、音频、视频等；二是载体承载内容的方式，如人工书写、人工绘制、机器打印、印刷、晒制、摄影、洗印、录像、录音、磁性记录、激光记录等。间接载体也可以理解为外在形式，也就是承载和传递符号的客体，如纸张、胶片、磁带、光盘、硬盘以及特定的实物材料等。城建档案形式的多样性，是随着社会科技的发展而不断形成的。不同的时代具有不同的特征，但无论怎样，内容和形式是构成城建档案的基本要素，只有内容和形式相统一，才能构成城建档案这一事物。

以上三方面含义基本上包含了城建档案的特征和其概念的内涵和外延。片面地强调其中的一点，便可能导致对城建档案完整概念的误解。因此，正确理解城建档案的定义及其含义，有利于城建档案工作者正确认识和掌握城建档案的特点及其形成规律。

第二节 城建档案的属性

一、城建档案的原始记录属性

原始记录性是城建档案的本质属性，它决定了城建档案与其他文献资料有着明显的不同。

从城建档案的产生和形成来看，城建档案有其固有的本质属性。在城市建设活动中，需要进行勘察、规划、设计、施工、安装、检测、管理等一系列工作，必然会形成许多文件材料，而这些文件材料有的日后需要查考，具有很好的保存价值，就将其整理保存下来，转化为城建档案。因此，从形式和内容特征上看，城建档案都具有很强的原始性，即人们通常所说的第一手材料。城建档案又是一种历史记录，它是根据城建活动的客观需要而形成的。城市建设成果有两个方面：一是物质成果，即以建筑（构筑）物为形式的物质产品；二是技术成果，即以图纸、图表、文字、数据为形式的城建档案。城建档案是对城市建设实践活动的真实记录。一方面，它是当时、当事直接形成的；另一方面，它是建设活动的产物，是以具体内容反映其形成单位或个人特定活动的历史记录物，具有很强的历史记录性。在永无止境的城市建设活动中，城建档案作为见证城市建设的原始记录被保存下来。后人要建设城市、管理城市，就要了解过去的历史。历史上的记载虽然有图书、资料等，但唯独档案才是原始记录的第一手材料。这是城建档案不同于其他文献资料的最大特点，也是档案最真实、最可靠、最宝贵的根本所在。

二、城建档案的知识属性

城建档案是积累和传播知识的一种形式。城建档案产生于城市建设活动中，承载着城市建设实践活动的大量事实、数据、经验、成果和理论等知识，反映了人们对城市建设、管理的客观事物和现象的认识，是人类认识自然、改造世界的智慧的结晶。档案之所以能世代流传，就是因为其记录的知识可供人们借鉴参考。城建档案记载着城市建设、管理的经验与知识，能被当代和今后的工作借鉴和利用，从城建档案中获取有价值的知识信息，可以帮助人们更好地规划、建设、管理和研究城市。所以城建档案作为记录知识的一种载体，对人类知识的积累、传播和发展有着重要的作用，也是人们认识历史、学习知识、借鉴前人智慧的重要途径之一。

三、城建档案的信息属性

城建档案是城市的重要信息。城建档案信息作为社会信息家庭中的一员，不仅具有其他信息的共性特点：可以收集、发布、传递、存储、检索、处理、交换和利用，而且还有其自身的特点。城建档案是城市建设活动的直接记录，是用文字、数字、图表、声像等方式存储在一定载体上的固定信息，是能让人、物、事的历史原貌得到重现的原始信息。因此，城建档案为人们提供的是不同于其他的依据性、凭证性信息。城建档案在城市的建设发展中形成，是一种丰富而广泛的城市信息源。它与城市建设同步产生，与城市发展紧密相联，经过不断地积累和存储，其数量浩瀚，内容丰富，地面、地下，无所不包。从而帮助人们在城市规划、建设、管理和科研工作中更好地了解过去、研究历史、总结经验、把握规律。

正确认识城建档案的信息属性，将城建档案部门纳入城建信息系统，对于开发城建档案信息资源、实现信息共享、更好地发挥城建档案的作用具有极为重要的现实意义。

四、城建档案的社会属性

城建档案是人们在建设城市和改造城市的过程中形成的。城建档案产生的主体是社会性的组织和人，而城市建设本身涉及社会的方方面面，有关千家万户的切身利益，具有广泛的社会性。所以，城建档案的形成是以社会为基础，需要社会其他部门的配合和支持。由于城建文件材料转化为城建档案后，它所含有的信息比原文件的价值更大，使用也不再局限于原先的狭小范围，而是面向社会和广大公众，从而可以发挥出更大的效益。因此，城建档案是具有社会作用和社会价值的重要财富，具有广阔的利用空间。

五、城建档案的价值属性

城建档案的价值属性主要体现在有益的实用性。城建档案在城建活动中产生，是在办理完毕的城建文件中挑选出的，对于日后城市规划、建设、管理和城市研究等工作具有查考价值。尽管它只是城建文件材料中的一部分，但却是具有历史保存价值的精华文件。它所包含的信息是富有查考价值的，对城市的建设发展具有重要的凭证作用和广泛的参考作用，是开展城建工作不可缺少的重要依据。因此，价值是城建文件转化为城建档案的重要条件，也是决定城建档案如何保存和保存多久的主要因素。价值重要的城建档案就需要永久保存，传于后人，失去保存价值的档案就该剔除销毁。价值属性影响着城建档案的形成和管理过程，也决定了城建档案的存与毁。

第三节 城建档案的特点

一、综合性

城市是一个地区的政治、经济和文化中心，是一个相互依存、相互助益的多功能、高效率的综合体。因此，城市建设并非是某一部门的单一性的工作，而是一项综合复杂的系统工程。从城市的规划、建设和管理工作来看，相互之间有着千丝万缕的联系。这就决定了城建档案形成内容的广泛性和城建档案形成类型的多样性。尽管城建档案仅仅属于科技档案中的一个门类，但它却涉及建设领域 30 多个专业，关系到城市建设发展的各个方面。由此可见，城建档案是由不同部门、不同专业、不同内容、不同形式、不同环节在不同阶段形成的多种文件材料组合在一起的结合体，具有很强的综合性特点。而城建档案机构必须将分散在各个部门和单位的城建档案归集起来，由城建档案机构实行集中统一管理，便于档案信息资源得到更好的综合开发和利用。

二、成套性

维护城建档案的完整、系统是城建档案管理的基本要求，也是衡量城建档案质量的重要指标。城建档案一般是以项目成套。一个项目内的档案材料是有机联系的整体。无论项目大小，尤其是工程档案，都是以项目为单位进行收集、整理、归档的，而利用也往往是按项目查找，成套使用。围绕一个项目所开展的各项活动，其形成的各种文件材料之间必然有着密切的联系。每项工程都有一定的建设程序，每道工序都会产生一定数量的，在内容上和程序上前后衔接、左右关联的文件材料，只有完整、系统，才能使档案正确反映项目建设的全过程，揭示事物内在的因果关系。因此，我们应当切实维护城建档案的完整性和系统性，以便更好地发挥城建档案的价值。

三、动态性

城市本身是一个延续不断、永无终止的动态变化体系。城市的建设和发展也不会停息，永远处于动态变化之中。城市功能的不断完善，使城市面貌日新月异。城建档案是城建活动的历史记录，必须真实反映城市建设的历史和现状。因此，随着城乡建设事业的不断发展，城建档案工作必须与时俱进，跟上城建发展的步伐，进行必要的动态跟踪管理，根据现实情况的变化，对原存档案及时进行补充和更新，使城建档案随时能全面、准确、系统地反映出地上、地下建筑物、构筑物以及管线、隐蔽工程的真实状况，以满足城市规划、建设、管理和科研工作的需要。

四、权威性

城建档案是城市建设活动最直接的原始记录，是自始至终完整反映城建活动过程的第一手材料。与其他科技文献相比，城建档案一旦形成，就具有法律效力。因此，当工程发生质量纠纷，需要查找问题，分析原因，明辨是非，追究责任，或评定工程质量等级时，都需要查阅城建档案的原始记录，依据档案材料做出科学的分析和判断。因此，在同一事物有不同记载的情况下，一般都以档案材料的记录为准。可见，城建档案的权威性主要体现在它的凭证依据作用较其他记录更为可靠。

五、专业性

城建档案的专业性特点集中表现在形成单位、形成过程、内容性质三个方面。首先，从形成单位来说，城建档案大多产生于专业性较强的单位，如规划、交通、园林、建筑、市政、管线等部门。其次，从形成过程来说，城建档案形成于城市规划、建设、管理、科研等各种专业活动过程中，是各类专业活动的真实历史记录，能真实反映专业活动的开展过程和结果。再次，从内容性质上看，城建档案的内容涉及很多专业，一般涉及的专业有10多个，大的建设项目会涉及 30 多个专业。因此，专业性也决定了城建档案必须按不同专业的特点和要求，分别进行科学的管理。

六、地方性

城建档案是在不同地方的城市中产生的，不同的城市又有其不同的历史背景。我国幅员辽阔，各地因地理位置、自然环境、历史文化、社会经济、民族传统等诸多因素，造就了城市各自浓郁的地方特色。这些特色有的反映在城市的性质和功能上，有的反映在城市的格局和规模上，有的则反映在建筑风格和景观形态上。就如大城市与小城市不同、北方城市与南方城市不同、历史文化名城与新兴城市不同、内陆城市与滨海城市不同、工业城市与风景旅游城市不同、经济发达地区的城市与欠发达地区的城市不同，等等。有些地方的建筑特色和城市风貌被列为世界文化遗产，必然要建立相应的档案，以便更好地保护和利用。因此，作为记录和反映城市建设状况的城建档案，无论是城建档案的收集门类或特色方面，还是工程项目的内容或数量方面都存在着一定的差异。城建档案管理机构应该根据当地的实际情况，因地制宜地做好城建档案的收集和管理工作。

第四节 城建档案的范围和主要种类

一、城建档案的范围

城建档案的范围是由城建档案定义的外延所决定的。根据城建档案的定义，在城市规划、建设和管理工作中形成的各种业务和专业技术档案都属于城建档案。因此，城建档案的内容范围比较广泛，可从以下不同角度进行划分：

（一）从城建档案的来源，即城建档案形成单位的性质划分

①党政机关建筑档案；②学校建筑档案；③医院建筑档案；④商业建筑档案；⑤住宅建筑档案；⑥工矿企业建筑档案等。

（二）从城建档案的内容划分

①建筑工程档案；②市政基础设施工程档案；③公用基础设施工程档案；④交通基础设施工程档案；⑤园林建设档案；⑥风景名胜建设工程档案；⑦市容环境卫生设施档案；⑧城市防洪、抗震、人防工程档案；⑨城乡规划档案；

⑩城市勘测档案；⑪房屋拆迁管理档案；⑫勘察设计管理档案；⑬施工管理档案；⑭竣工验收管理档案；⑮房地产管理档案；⑯心园林绿化管理档案；⑰环境保护管理档案等。

（三）从城建档案的形成时间划分

①古代城建档案；②近代城建档案；③现代城建档案。

（四）从城建档案的所有权划分

①国家所有；②集体所有；③个人所有。

（五）从城建档案的载体形式划分

①纸质档案；②胶片档案；③磁带档案；④光盘档案；⑤缩微档案；⑥电子档案；⑦实物档案等。

二、城建档案的主要种类

（一）城乡规划档案

城乡规划是一定时期内城乡建设发展的总计划，是城乡建设工程设计和城乡建设管理的依据。城乡规划，包括城镇体系规划、城市规划、镇规划、乡规划和村庄规划。城市规划、镇规划分为总体规划和详细规划。详细规划分为控制性详细规划和修建性详细规划。大、中城市根据需要可以在总体规划的基础上编制分区规划。

城乡规划档案一般包括城市（镇）总体规划档案、城市分区规划档案、城市（镇）详细规划档案、乡和村庄规划档案、城乡规划基础资料等几类。

1. 城市（镇）总体规划档案

总体规划是城乡建设发展的总蓝图，是城市（镇）宏观管理的主要依据。城市总体规划的主要内容包括：城市的发展布局，功能分区，用地布局，综合交通体系，禁止、限制和适宜建设的地域范围，各类专项规划等。

2. 分区规划档案

分区规划是指在城市总体规划的基础上，对局部地区的土地利用、人口分布、公共设施、城市基础设施的配置等所做的进一步安排。在城市总体规划完成后，大、中城市可根据需要编制分区规划。分区规划宜在市区范围内同步开展，各分区在编制规划的过程中应及时综合协调。分区范围的界线划分，应根据总体规划的布局，结合城市的区、街道等行政区划，以及河流、道路等自然地物确定。编制分区规划的主要任务是：在总体规划的基础上，对城市土地利用、人口分布和公共设施、城市基础设施的配置做出进一步的安排，以便与详细规划更好地衔接。

3. 城市（镇）详细规划档案

详细规划是在城市总体规划的基础上，依据总体规划所确定的原则，对需要进行开发建设地区的土地使用性质、开发强度、绿化建设、基础设施建设、历史文化保护等做出具体规定。详细规划分为控制性详细规划和修建性详细规划。

凡在详细规划过程中形成的，并作为历史记录保存下来的详细规划文件材料，称为详细规划档案，其内容主要有：①详细规划文本；②详细规划说明；③详细规划基础资料；④详细规划批复文件；⑤详细规划附图。

4. 乡和村庄规划档案

乡和村庄规划是由乡（镇）人民政府从农村实际出发，尊重村民意愿，组织编制的体现地方和农村特色的建设规划。乡和村庄规划的内容应当包括：规划区范围，住宅、道路、供水、排水、供电、垃圾收集、畜禽养殖场所等农村生产、生活服务设施，公益事业等各项建设的用地布局、建设要求，以及对耕地等自然资源和历史文化遗产保护、防灾减灾的具体安排。乡规划还应当包括本行政区域内的村庄发展布局。

5. 城乡规划基础资料

编制城乡规划，应当具备国家规定的勘察、测绘、气象、地震、水文、环境等基础资料。为了使城乡规划能够满足城乡建设发展的需要，使规划内容具有较高的科学性，在编制规划前要对城市或区域的自然、社会和现实条件等方面的资料进行收集、整理和综合分析，以便全面了解、掌握城市或区域的基本情况和发展条件，为规划的编制提供科学依据。城乡规划基础资料是城建档案的重要补充，主要包括城市历史沿革、经济、人口、资源、地形、地质、地震、水文、地名等方面的资料。

（二）城市勘测档案

城市勘测档案是对城市范围内的地质、地物、地貌进行勘察测量的过程中形成的文件材料，是进行城市规划、建设和管理的重要依据。城市勘测档案包括城市勘察和城市测绘两大部分。勘测档案是城市建设规划、工程设计和施工的基本前提和依据。勘察档案包括工程地质勘察档案和水文地质勘察档案两种。

1. 工程地质勘察档案

工程地质勘察是为研究、评价建设场地的工程地质条件所进行的地质勘探、室内实验、原位测试等工作的统称。为工程建设的规划、设计、施工提供必要的依据及参数。工程地质条件通常是指建设场地的地形、地貌、地质构造、地层岩性、不良地质现象以及水文地质条件等。

凡在工程地质勘察过程中形成的，并作为历史记录保存下来的工程勘察文件材料，都称为工程地质勘察档案，其内容主要有：

（1）工程地质勘察任务书、委托书及批复文件。

（2）地质勘察方案或工作计划、重要会议记录、纪要。

（3）地质勘察协议书、合同。

（4）地质调查材料。

（5）地质勘察成果的分析、研究、评价材料。

（6）地质勘察成果鉴定、验收材料。

（7）地质勘探分区图。

（8）工程地质图。

（9）地质测绘、勘探、室内土工实验、水分析和现场测试等原始材料。

（10）不良地质现象整治工程方案。

（11）地质勘察成果及原始材料。

2. 水文地质勘察档案

水文地质勘察是为查明水文地质条件、开发利用地下水资源或其他专门目的，运用各种勘探手段进行的水文地质勘察工作。根据目的、任务、要求和比例尺的不同，水文地质勘察可分为综合性的水文地质普查和专门性的水文地质勘探两类。水文地质勘察一般分为初步勘察和详细勘察两个阶段。

凡在水文地质勘察过程中形成的，并作为历史记录保存下来的水文地质勘察文件材料，都称为水文地质勘察档案，其内容主要有：

（1）水文地质勘察计划任务书及各项决策材料。

（2）水文地质调查材料。

（3）水文地质勘察规划、方案。

（4）水文地质测绘材料。

（5）水文地质试验材料。

（6）地下水资源评价材料。

（7）水文地质勘察成果及原始材料。

（8）地下水动态长期观测资料。

（9）水文地质勘察成果的分析、研究、评价材料。

（10）水文地质勘察成果鉴定、验收材料。

3. 城市测绘档案

测绘是以计算机技术、光电技术、网络通信技术、空间科学、信息科学为基础，以全球定位系统（GPS）、遥感（RS）、地理信息系统（GIS）为技术核心，将地面已有的特征点和界线通过测量手段获得反映地面现状的图形和位置信息，提供给工程建设的规划设计和行政管理使用。城市测绘的主要任务是为城市建设、规划及其管理提供各种基础测绘资料。城市测绘分为控制测量、地形测量和工程测量三部分。

城市测绘工作贯穿于城市规划、设计、施工、竣工的全过程，是城市建设的重要基础工作。在城市测绘工作各个阶段形成的，并作为历史记录保存下来的城市测绘文件材料称为城市测绘档案，其内容主要有：

（1）测绘项目计划任务书与批复文件。

（2）测绘项目方案、计划。

（3）测绘项目委托书、协议书、合同。

（4）控制测量形成的文件材料。

（5）地形测量形成的文件材料。

（6）工程测量形成的文件材料。

（7）城市测绘成果的分析、研究、评价材料。

（8）城市测绘成果鉴定、验收材料。

（9）有关城市测绘方面的总结、会议纪要等。

（三）建设工程档案

建设工程档案是在工程建设活动中形成的具有保存价值的文字、图纸、图表、声像、电子文件、实物等各种形式和载体的历史记录。建设工程档案是城建档案的核心和主体，在整个城建档案中量大面广。主要有以下内容：

1. 工业建筑工程档案（含工业厂房、车间、仓库、综合用房等建筑档案）。

2. 民用建筑工程档案（含住宅、办公、文化、教育、体育、商业、金融、卫生等建筑档案）。

3. 市政基础设施工程档案（含道路、广场、桥梁、涵洞、隧道、排水、环卫、城市照明等工程档案）。

4. 公用设施工程档案（含供水、供电、供热、燃气、公共交通、地铁、电信、广电等工程档案）。

5. 交通基础设施工程档案（含公路、铁路、水运、航运等工程档案）。

6. 园林建设和风景名胜建设工程档案（含公园、绿化、纪念性建筑、名人故居、名胜古迹等工程档案）。

7. 环境保护工程档案（含污水处理、环境治理、垃圾处理等工程档案）。

8. 城市防洪、抗震、人防工程档案（含水利、防洪、防汛、防灾、抗震、人防、民防等工程档案）。

建设工程档案形成于一个建设工程项目的全过程，它的内容可以归纳为以下五个方面：

（1）工程准备阶段的文件。

（2）监理文件。

（3）施工文件。

（4）竣工图。

（5）竣工验收文件。

（四）规划管理档案

城市规划管理是政府对城市各项土地利用和建设活动进行控制和引导等方面的活动，它是城市规划实施的关键。城市规划管理的主要内容包括核发《建设项目选址意见书》、核发《建设用地规划许可证》和《建设工程规划许可证》、监督检查和建设工程竣工验收等。

规划管理档案是城市规划部门实施城乡规划管理过程中产生的文件材料的总称。城市规划管理档案主要分为以下几个方面：

1. 建设项目选址规划管理档案

按照国家规定需要有关部门批准或者核准的建设项目，以划拨方式提供国有土地使用权的，建设单位在报送有关部门批准或者核准前，应当向城乡规划主管部门申请核发《建设项目选址意见书》。城乡规划主管部门在核发《建设项目选址意见书》的过程中形成的需要归档保存的文件材料，称为建设项目选址规划管理档案。主要内容有：

（1）建设项目报建申请表。

（2）申请选址说明报告。

（3）地形图（含规划道路红线、地下管线和测量标志等）。

（4）审批类项目的建设项目的建议书批复、核准类项目的同意开展前期准备工作的意见、备案文件。

（5）如涉及文物古迹、风景园林、河道等方面的项目需附文物管理、园林绿化、河道管理等部门的书面意见。

（6）《建设项目选址意见书》。

（7）规划条件。

（8）选址红线图。

2. 建设用地规划管理档案

建设用地规划管理是城市规划主管部门依据城市规划确定用地面积和范围、提出土地使用规划要求，并核发《建设用地规划许可证》的行政管理工作。

在城市、镇规划区内以划拨方式提供国有土地使用权的建设项目，经有关部门批准、核准、备案后，建设单位应当向城市、县人民政府城乡规划主管部门提出建设用地规划许可申请，由城市、县人民政府城乡规划主管部门依据控制性详细规划核定建设用地的位置、面积、允许建设的范围，核发《建设用地规划许可证》。以出让方式取得国有土地使用权的建设项目，在签订国有土地使用权出让合同后，建设单位应当持建设项目的批准、核准、备案文件和国有土地使用权出让合同，向城市、县人民政府城乡规划主管部门申请《建设用地规划许可证》。

城乡规划主管部门在核发《建设用地规划许可证》的过程中形成的需要归档保存的文件材料，称为建设用地规划管理档案。主要内容有：

（1）建设项目报建申请表。

（2）项目批准、核准、备案文件。

（3）环境影响评价的审批意见。

（4）《建设项目选址意见书》附图及规划条件（以划拨方式供地的项目）。

（5）国有土地使用权出让合同及规划条件（以出让方式供地的项目）。

（6）《建设用地规划许可证》。

（7）规划条件。

（8）规划用地红线图。

3.建设工程规划管理档案

在城市、镇规划区内进行建筑物、构筑物、道路、管线和其他工程建设的，建设单位或者个人应当向城市、县人民政府城乡规划主管部门或者省、自治区、直辖市人民政府确定的镇人民政府申请办理《建设工程规划许可证》。

申请办理《建设工程规划许可证》，应当提交使用土地的有关证明文件、建设工程设计方案等材料。需要建设单位编制修建性详细规划的建设项目，还应当提交修建性详细规划。对符合控制性详细规划和规划条件的，由城市、县人民政府城乡规划主管部门或者省、自治区、直辖市人民政府确定的镇人民政府核发《建设工程规划许可证》。

城乡规划主管部门在核发《建设工程规划许可证》的过程中形成的需要归档保存的文件材料，称为建设工程规划管理档案。主要内容有：

（1）建设项目报建申请表。

（2）《建设工程技术审查意见书》。

（3）《国有土地使用权证》或《建设用地规划许可证》。

（4）建设项目批准、核准、备案文件。

（5）方案审定意见书中要求的其他文件。

（6）《民用建筑设计方案建筑节能审查回复意见书》。

（7）规划放线成果。

（8）《建设工程规划许可证》。

（9）建筑施工图。

4.城乡规划监督检查档案

县级以上人民政府及其城乡规划主管部门应当加强对城乡规划编制、审批、实施、修改的监督检查。

城乡规划主管部门在进行监督检查的过程中形成的需要归档保存的文件材料，称为城乡规划监督检查档案。主要有监督检查档案和查处违章建筑档案等。

5. 建设工程规划验收档案

县级以上地方人民政府城乡规划主管部门按照国务院的规定对建设工程是否符合规划条件予以核实。未经核实或者经核实不符合规划条件的，建设单位不得组织竣工验收。

城乡规划主管部门在进行建设工程规划的验收过程中形成的需要归档保存的文件材料，称为建设工程规划验收档案。主要内容有：

（1）建设工程规划验收申请表。

（2）建设工程竣工测量报告及竣工测量图。

（3）《建设工程规划许可证》。

（4）《绿地指标踏勘审查意见书》。

（5）《建设工程规划验收合格证》。

（五）房地产管理档案

建设行政管理部门负责房地产开发、经营、交易活动的监督管理和房地产权属登记管理工作。房地产管理档案就是建设行政主管部门对房地产开发、经营、交易活动的监督管理和房地产权属登记管理的过程中形成的文件材料的总称。主要包括：

1. 房地产开发管理档案，包括房地产企业资质、房地产建设、房地产交付使用备案等档案。

2. 房地产经营管理档案，包括房地产开发项目转让、商品房预售、商品房销售、房地产销售价格等档案。

3. 房地产交易档案，包括房地产转让、房屋租赁、房地产抵押、房地产中介服务等档案。

4. 房地产权属档案，包括房地产权属登记、调查、测绘、权属转移、变更等档案。

5. 物业管理档案，包括物业公司资质、物业管理招标、房屋维修资金使用等档案。

6. 房屋安全管理档案，包括房屋安全鉴定等档案。

（六）房屋征收补偿档案

市、县级人民政府负责本行政区域的房屋征收与补偿工作。市、县级人民政府确定的房屋征收部门组织实施本行政区域的房屋征收与补偿工作。

房屋征收部门应当依法建立房屋征收补偿档案。

房屋征收补偿档案就是房屋征收部门在组织实施房屋征收与补偿工作的过程中形成的应该归档的文件材料。主要内容有：

（1）房屋征收补偿综合文件材料，包括房屋征收决定形成的文件和房屋征收补偿形成的文件。

（2）被征收人补偿安置文件材料。

（七）建设工程勘察、设计管理档案

勘察设计管理是指建设行政主管部门为保证勘察设计的质量，保护人民生命和财产安全，依据有关法律法规对勘察设计活动进行指导、监督、管理的过程。

勘察设计管理档案是指在该活动过程中产生的应该归档的文件材料的总称。勘察设计管理档案主要包括：

1.勘察设计资质资格管理档案

（1）单位资质管理档案

国家对从事建设工程勘察、设计活动的单位，实行资质管理制度。建设工程勘察、设计只有在获得相应的资质等级后，才能在资质证书规定的业务范围内开展相应的勘察、设计业务。为此，建设行政主管部门必须加强对勘察设计单位资质的动态管理，实行资质年度检查制度并公布检查结果。

单位资质管理档案，就是建设行政主管部门对勘察、设计单位在资质申请、审批、年检、监督管理的过程中形成的应该归档的文件材料。

（2）人员资格管理档案

国家对从事建设工程勘察、设计活动的专业技术人员，实行执业资格注册管理制度、个人执业资格准入管理、人员资格动态管理制度。如注册建筑师等。

人员资格档案，就是建设行政主管部门对建设工程勘察、设计人员在考试、注册、执业、动态管理、备案的过程中形成的应该归档的文件材料。

2.勘察设计文件审查档案

建设行政主管部门或委托的勘察设计文件审查机构应当对勘察设计文件中涉及公共利益、公众安全、工程建设强制性标准的内容进行审查。施工图设计文件未经审查批准的，不得使用。

勘察设计文件审查档案，就是建设行政主管部门或勘察设计文件审查机构在审查工程勘察设计文件的过程中形成的应该归档的文件材料。包括：勘察设计文件审批、施工图设计文件审查等。

3.勘察设计行政执法档案

勘察设计单位和个人违反有关法律法规，由建设行政主管部门依据法定职权进行行政执法。

勘察设计行政执法档案就是建设行政主管部门在进行行政执法的过程中形成的应该归档的文件材料。

（八）工程建设管理档案

1.施工许可证档案

工程开工前，建设单位应当按照国家有关规定向工程所在地建设行政主管部门申请领取《施工许可证》。建设行政主管部门应当在规定期限内，对符合条件的申请单位颁发《施工许可证》。

施工许可证档案，就是建设行政主管部门在审核发放《施工许可证》的过程中形成的应该归档的文件材料。主要内容包括建设用地批准文件、建设工程规划审批文件、拆迁文件、工程承包发包合同、施工图审查文件、施工许可证申请和批准文件等。

2.施工、监理企业资质资格管理档案

（1）施工、监理企业资质资格管理档案

建设行政主管部门对工程施工、监理企业资质实行归口管理。工程施工企业资质分施工总承包、专业承包和劳务分包三个序列。工程监理企业资质等级分甲级、乙级和丙级。

企业资质资格管理档案，就是建设行政主管部门对施工、监理企业在资质申请、审批、监督管理的过程中形成的应该归档的文件材料。主要内容包括企业资质申请和批准文件等。

（2）施工、监理人员资格管理档案

国家对从事建设工程施工、监理活动的专业技术人员，实行执业资格注册管理制度、个人执业资格准入管理、人员资格动态管理制度。如注册监理工程师、注册建筑师等。

施工、监理人员资格档案，就是建设行政主管部门对建设工程施工、监理人员在考试、注册、执业、动态管理、备案的过程中形成的应该归档的文件材料。

3. 工程招标投标管理档案

工程项目的勘察、设计、施工、监理、材料设备供应等和工程总承包，必须按照国家和省里的有关规定进行招标投标。招标投标接受建设行政主管部门的统一归口管理和监督。

工程招标投标管理档案，就是建设行政主管部门在归口管理和监督工程项目招标投标的过程中形成的应该归档的文件材料。包括招标代理机构资格管理、工程项目招标投标管理、建设工程合同等。

4. 工程质量监督管理档案

国家实行建设工程质量监督管理制度。建设行政主管部门对建设工程质量实行统一监督管理。建设行政主管部门可以委托建设工程质量监督机构具体实施建设工程质量监督管理。

工程质量监督管理档案，就是建设行政主管部门或建设工程质量监督机构在建设工程质量监督管理的过程中形成的应该归档的文件材料。

5. 工程安全生产管理档案

建设行政主管部门对全国建设工程安全生产实施监督管理。在审核发放《施工许可证》时，应当对建设工程是否具有安全施工措施进行审查。建设行政主管部门可委托建设工程安全监督机构具体实施安全监督检查。

工程安全生产管理档案，就是建设行政主管部门或建设工程安全监督机构在进行安全审查、监督检查的过程中形成的应该归档的文件材料。主要包括施工企业安全生产许可管理、施工措施审查、安全监督检查、安全事故应急救援和调查处理等。

6. 工程竣工验收备案档案

建设行政主管部门负责工程的竣工验收备案工作。建设单位应当自工程竣工验收合格之日起 15 日内，依据有关规定，向工程所在地建设行政主管部门备案。

工程竣工验收备案档案，就是建设行政主管部门在办理工程竣工验收备案的过程中形成的应该归档的文件材料。主要包括：《工程竣工验收备案表》《工程竣工验收报告》、规划环保等部门出具的认可文件或者准许使用文件、公安消防部门出具的对大型人员密集场所和其他特殊建设工程验收合格的证明文件、施工单位签署的《工程质量保修书》等。

（九）园林绿化、名胜古迹档案

城市园林绿化是城市建设的一个重要组成部分，主要包括公园、植物园、动物园、游乐园、街心花园、行道树、苗圃、绿化隔离带、防风林等。

名胜古迹是指自然景观、人文景观和古代、近代遗迹等，名胜古迹是我国悠久历史的见证和珍贵的文化遗产。

园林绿化、名胜古迹档案，就是建设行政管理部门在城市园林绿化、名胜古迹的规划、管理、保护过程中形成的应该归档的文件材料。

（十）城市抗震防灾档案

城市抗震防灾档案是指城市抗震防灾主管部门在抗震、人防、防洪、防汛等规划、建设和管理工作中形成的应该归档的文件材料的总称，主要包括以下方面：

1. 建设工程抗震设计审查档案。

2. 重大建设工程场地地震安全性评价核准档案。

3. 城市人防、应急避难场所工程档案。

4. 城市防洪、防汛工程档案。

5. 城市抗震防灾历史资料。

6. 城市抗震、人防、防洪、防汛规划档案。

7. 建设工程抗震鉴定与加固档案。

（十一）城市市容和环境卫生管理档案

1. 城市市容管理档案

城市市容管理是城市管理的重要组成部分。城市市容管理档案是市容管理部门在对城市市容市貌的管理过程中形成的应该归档的文件材料。主要包括以下部分：

（1）城市建筑物和设施管理档案，包括城市各种建筑物、城市基础设施、公共设施等的新建、改建、装修等审批、管理，各种基础设施的养护等。

（2）城市户外广告管理档案，包括广告设置、审批、维护和管理等。

（3）车辆停放管理档案，包括停车场、车辆清洗站、车辆占道等审批、管理。

2. 城市环境卫生管理档案

城市环境卫生管理档案，是城市环境卫生管理部门在对城市环境卫生的管理过程中形成的应该归档的文件材料。主要包括以下部分：

（1）生活废弃物处理。

（2）建筑垃圾管理。

（3）环境卫生设施管理。

第五节　城建档案的作用

一、城建档案的作用

城建档案是城市建设的真实记录，是城市建设的信息源。从宏观上来说，城建档案贯穿了城市建设的各个历史阶段，涵盖了社会的各个领域。从微观上来说，城建档案记录了人们规划、建设、管理城市的具体过程，积聚了丰富的技术经验和知识信息。因此，城建档案具有广泛的社会作用和社会价值。

城建档案的社会作用和社会价值，主要体现在以下几个方面：

（一）城建档案是积累城建经验、储备城建技术的手段

城建档案是人们从事城建活动的产物。城建活动的成果不外乎两个方面：一是物质成果，即建设工程产品；二是技术成果，即城建档案。城建档案是城建生产活动的直接记录和实际反映，它客观地记录了城建生产活动的过程和成果，记载了人们的城建思想、城建技术、城建经验。城建档案这种作为城建成果直接载体的特点，赋予了它储备城建技术的功能，成为积累、储备城建技术、城建经验的工具和手段。由于人们认识自然、改造自然的能力是逐步提高的，城建技术也需要不断提高和发展。所以对于一个国家、一个城市、一个单位来说，如果它拥有质量较高、数量较多的城建档案库藏，就在一定程度上标志着它有比较雄厚的城建技术基础。反之，没有城建档案的积累，或者数量少，质量差，那么势必会在城建活动中遇到更多的困难。

（二）城建档案是开展城市规划工作的基础

城市规划是指导城市合理建设、完善城市功能、促进城市经济社会协调发展的重要依据。要做好城市规划工作，首先要研究城市的建设发展史，了解城市和城市中的各种要素，包括自然环境、资源条件、历史情况、现状、

发展趋势以及基础、特点和各方面的动态变化因素等，在充分掌握城市各种基本信息的前提下，进行全面的、综合的、科学的、长远的预测和设想，并结合国民经济和社会发展计划，统筹兼顾，综合布置，科学制定。城建档案蕴含着丰富的城建信息，在城市规划工作中不仅具有重要的参考价值，而且也是编制城市规划的重要依据。假若没有城建档案为基础，没有丰富的城建信息做参考，城市规划将无从着手。

（三）城建档案是城市建设管理工作的重要依据

城市是一个动态的庞大而复杂的综合体。随着城市现代化进程的加快，城市规模不断扩大，城市功能不断增强，城市的架构因此变得越来越复杂。地上高楼林立，鳞次栉比，地下管线纵横，交叉密集。对这些支撑着城市功能发挥的各种设施，必须进行科学有效的管理，才能使其正常运作。城建档案来自城市建设，又服务于城市建设，它真实记录和反映了城市中各种物质对象从无到有、从小到大、从落后到先进的运动过程与发展规律，是人们建设城市、管理城市的智慧结晶。只有以城建档案为依据，才能进行科学的城市规划、建设和管理，克服工作上的盲目性，避免国家财产的浪费和损失。因此，城建档案管理水平的提高是科学管理城市建设的标志之一。

（四）城建档案是城市一切建筑物、构筑物维护、管理、改建、扩建的依据，是提高城市建设经济效益的有力支撑

城建档案是城市一切建筑物、构筑物维护、管理、改建、扩建不可缺少的重要依据。没有城建档案，城市建设就会混乱，维修、改造、扩建就难以进行。尤其是地下管线和隐蔽工程，如果没有竣工档案，只凭人的大脑记忆显然是不科学的，也是靠不住的。实践证明，合理利用城建档案，可以避免不必要的重复劳动，为国家节省大量资金、人力、物力，促进城市建设的良性发展；如果忽略城建档案的作用，就会给工程的建设和管理带来麻烦，甚至给城市留下隐患，造成重大损失。因此，城建档案管理是城市维护、管理、改建、扩建等重要的基础工作。

（五）城建档案是城市防灾、抗灾、减灾和灾后应急管理、恢复重建的重要依据

由于城市是人口高度集中的地方，一旦发生破坏性灾害，其影响程度要严重得多。因此，做好城市的防灾、抗灾以及灾后的处理是每个城市都必

须认真对待、不可掉以轻心的大事。无数事实证明，城市不能没有城建档案，它是城市防灾、抗灾、减灾和灾后应急抢修、恢复重建的重要依据。近些年来，各地通过制定突发事件应急预案、开展城建档案数字化工作和档案数据备份以及异地备份等工作，城建档案在应对各种灾害和处理突发事件、抗灾抢修、恢复重建等方面发挥了积极作用。因此，设立专门机构，对城建档案实行集中统一管理是我国档案事业的一大特点。我们一定要发挥这一优势，把一个城市中重要的、具有全局意义的城建档案集中收集到城建档案馆统一保存，并建立安全高效的城建档案信息系统。只有这样，才能使城建档案在城市防灾、抗灾、减灾和灾后应急管理、恢复重建等工作中发挥更大的作用。

（六）城建档案是征用土地、房地产权产籍的法律凭证

在城市建设中，会形成相应的土地征拨、审批文件、规划红线图、"一书两证"、建筑执照、产权所有证等档案资料。这是城市房地产管理的历史凭证，也是解决产权纠纷以及其他相关问题的法律证据。特别是随着房屋商品化、私有化的发展，城建档案的法律依据作用将会越来越充分地显现出来。

（七）城建档案是对城市开展科学研究的重要资源

城建档案是城市建设发展的真实记录，是一个城市的完整缩影和真实写照。以城市为对象的科学研究，离不开城建档案这一重要的城市信息资源。随着城市化进程的加快和城市现代化水平的提高，城建档案将显得越来越重要。因此，对于城建档案的社会作用和社会价值，要从历史的、全面的、发展的角度去认识。

二、城建档案作用的性质

城建档案作为城市规划、建设、管理等活动的历史记录，其作用是多方面的。从其作用的性质来说，可以概括为以下三个方面：

（一）依据性

城建档案记录了城市规划、建设和管理活动的真实情况和历史过程，是城建活动的真实写照。城建档案可以为城市规划的修订，建设工程改造、扩建、维修，城市的规范化管理等，提供重要、准确、系统的依据材料。因此，城建档案对城市规划、建设和管理等各项活动都具有重要的依据作用。如建设工程勘察报告、建设工程竣工图等都是建设工程改造、改建、扩建、维修的重要依据材料，可以为档案利用者节省时间、提高工作效率、节约经

费，创造更好的经济效益。

（二）参考性

城建档案记录了城市规划、建设和管理者在城建活动中的思维发展、工作经验、技术创新和成果，可以为人们今后进行城市规划、建设和管理活动等提供借鉴和帮助。因此，城建档案对于人们查考既往情况，掌握历史资料，总结历史经验，研究城市规划、建设和管理活动的发展规律，创新工作方法、提高工作效率，以及编史修志等具有广泛的参考作用。尽管一切文献都具有参考作用，但城建档案具有高度的原始性和最大的可靠性。如规划档案、工程档案、业务管理档案等，能为专业理论学者、历史研究者、编史修志人员以及社会各界研究人员提供原始性强、可靠性高的参考资料。

（三）凭证性

城建档案的凭证性，是城建档案不同于其他城建资料的最基本的区别。城建档案的凭证作用，完全是由城建档案的形成规律和城建档案自身的特点所决定的。

首先，从城建档案的形成来看，它是由当时当事直接形成并使用的文件材料转化而来的，它客观地记录了城市建设、工程项目施工、重要业务活动的过程及其结果，完全是一种原始形态的记录，是未经任何人改动的稿本。这种客观记录以往历史情况的文件材料，是令人信服的历史证据。如房屋权属证书、《建设工程规划许可证》《土地出让（转让）合同》等，均系法律信证，都是有一定的法律效力的，具有无可置疑的证据作用。

其次，从城建档案本身的物质形态来看，文件上保留着真切的历史标记。所以城建档案是确凿的原始材料和历史凭证，可以成为调查、取证、处理问题和解决矛盾的证据。如工程变更单、旁站监理记录、分项工程施工质量验收报验单等，都是在工程施工、监理等工作中直接形成的原始记录，是辨析和处理问题最有效的证据。

第七章 城建档案的管理

第一节 城建档案的收集

一、城建档案收集工作的意义、内容和要求

（一）城建档案收集工作的意义

城建档案收集是指城建档案机构按照国家有关法律法规，通过接收和征集的手段，把分散的档案资料集中起来的一项专业性业务工作。

城建档案馆开展的档案收集工作必须按照法律法规的要求进行。城建档案机构是一个城市集中保管重要城建档案的基地，城建档案的收集是以国家法律、法规为保障。各级城建档案馆应当按照国家法律、法规，在"统一领导、分级管理"的原则下，全力收集属于本地区的城建档案和有关资料，不断丰富馆藏，完善馆藏结构。

城建档案收集工作的意义，主要体现在以下三个方面：

1. 城建档案收集工作是档案工作的基础

俗语说"巧妇难为无米之炊"。没有档案收集工作为前提，档案馆（室）就缺乏开展档案工作的基本条件，档案的整理、保管、鉴定、利用工作就无从谈起，档案工作就没有赖以存在的物质基础。因此，收集工作是档案工作诸环节中的首要环节，也是档案工作的起点。

2. 城建档案收集是实现档案集中统一管理的基本手段和具体措施

城建档案是国家的宝贵财富和重要的信息资源，对国家规定应该归档的各种重要城建档案，各单位不得分散保存，任何个人都不能据为己有。只有通过行之有效的档案收集工作，才能将分散的城建档案集中到城建档案馆，形成统一的档案信息保管基地，实行科学规范的管理，才能便于社会各

方面的有效利用。

3. 城建档案收集是决定档案馆存在和发展的重要条件

收集工作的效果决定档案馆（室）档案数量的多少与质量的高低。档案数量的多少决定档案工作规模的大小；档案质量的好坏决定档案业务工作水平的高低。收集工作的质量还直接影响到城建档案工作的其他业务环节，影响到整个档案馆的工作水平和质量。只有将档案收全、收好，才有条件为社会各界提供良好的城建档案信息利用服务，满足社会各界对城建档案信息的需要，才能使城建档案馆真正成为保存重要城建档案资料的基地和开发利用城建档案信息的中心。档案收集在整个档案工作中具有十分重要的地位。

（二）城建档案收集工作的内容

从广义上讲，城建档案收集工作的内容主要包括三个方面：

（1）对本单位形成的需要归档的各类档案进行接收归档。这是单位档案室收集档案的主要途径。

（2）对列入进馆范围的各类城建档案进行接收。这是城建档案馆档案的主要来源，也是城建档案馆收集工作的经常性任务。

（3）对城建历史档案、重要档案、珍贵档案等进行广泛征集。主要是采取有效措施，通过有关途径，将流散在社会上或个人手中的城建档案收集到城建档案馆中。

（三）城建档案收集工作的要求

1. 加强对城建档案形成单位的调查和指导

收集工作是为了解决档案的集中问题，由于收集的对象是分散的，这就要求收集工作必须事先做好调查，掌握应集中进馆（室）的档案分散、流动、管理和使用等方面的信息。同时，要协助和指导城建档案移交单位做好移交准备工作，使之符合接收的要求。并根据城建档案的分散情况、使用情况和城建档案馆（室）的条件，制订计划统筹安排。

2. 保证进馆档案的完整、齐全和准确

保证档案在收集进馆时的完整、齐全和准确是贯穿收集工作始终的基本要求。在收集档案的过程中，必须把一个建设工程项目档案或一个单位年度业务管理档案全部集中起来，保证收集进馆的档案完整无缺，系统齐全。不允许把成套和系统的档案人为地分割、抽走，分散保存在几个地方。同时，在收集时还要注意档案内容信息的完整性。

3. 积极推行进馆（室）档案的标准化

在档案收集工作中推行标准化，是城建档案工作现代化的要求。标准化是现代化的基础，现代化的程度越高，就越要求标准化。档案工作标准化，应从收集工作做起。如果接收进来的档案不标准，将给科学管理和实现档案工作现代化带来困难。

（四）城建档案收集工作的方式

城建档案馆和单位（部门）城建档案室在档案收集工作的方式上有所不同。

1. 城建档案馆的收集方式

按照国家有关规定，各级城建档案馆属于国家专门档案机构，负责收集、保管具有本地意义的与本馆专业对口的同类内容或同类载体形态的专门档案，工作内容是负责接收本城市规划区范围内有关城市建设的档案，收集有关城市建设的基础资料。

城建档案馆在确定收集范围时，应通过调查研究，根据档案的实际价值，确定收集对象和时间，并编制被收集单位的名册，建立科学的进馆顺序。

城建档案馆的收集方式以接收和征集两种方法为主。

2. 单位（部门）档案室的收集方式

按照国家有关规定，单位（部门）档案室负责收集管理本单位（部门）及其所属单位形成的有关城建档案。非本单位（部门）及其所属单位产生和形成的城建档案不在其收集范围内。单位（部门）档案室收集工作的方式以接收为主。

档案室档案收集工作的主要途径，是建立和健全单位内部文件的归档制度，加强归档工作。单位各部门产生的文件，处理完毕后，经初步整理，定期移交给档案室集中保存，也称之为"归档"。

二、城建档案馆收集档案的范围

城建档案馆重点管理下列档案资料：

（1）各类城市建设工程档案。

①工业、民用建筑工程。

②市政基础设施工程。

③公用基础设施工程。

④交通基础设施工程。

⑤园林建设、风景名胜建设工程。

⑥市容环境卫生设施建设工程。

⑦城市防洪、抗震、人防工程。

⑧军事工程档案资料中，除军事禁区和军事管理区以外的穿越市区的地下管线走向和有关隐蔽工程的位置图。

（2）建设系统各专业管理部门（包括城市规划、勘测、设计、施工、监理、园林、风景名胜、环卫、市政、公用、房地产管理、人防等部门）形成的业务管理和业务技术档案。

（3）有关城市规划、建设及其管理的方针、政策、法规、计划方面的文件、科学研究成果和城市历史、自然、经济等方面的基础资料。

城建档案机构应当根据当地实际，制定城建档案收集范围细则，集中统一收集保管需要长期或永久保存的城建档案。

三、城建档案接收工作

城建档案接收就是城建档案馆按照规定，收存有关单位移交的城建档案和有价值的历史资料的过程。接收是城建档案馆的一项平常性业务工作，是收集工作的主要方式。这种方式是城建档案馆按照国家有关规定开展的强制性的收集。接收工作是城建档案馆和档案形成单位（或个人）双方同时进行的，对于档案形成单位（或个人）来说这项工作称之为档案移交工作。

（一）城建档案接收的原则和要求

虽然，城建档案馆和单位（部门）档案室的性质、任务、地域和所辖范围不同，馆藏档案的内容、成分、种类不同，接收档案的范围不同，但是接收档案的总原则和要求是一致的，就是遵循统一管理和分级、分类集中保管的原则。因此，凡是属于城建档案馆接收范围的一切档案均应该接收进馆，并妥善管理。接收工作应做到有计划、有步骤地进行，实行制度化管理。

（二）城建档案接收的方式

城建档案接收的方式有定期接收和随时接收两种。

1.定期接收

它是档案馆（室）按照国家有关规定对档案移交单位（部门）的档案

在规定保存期满后的接收工作。如：城建档案馆对建设系统单位档案室保存的业务技术和管理档案 1～5 年后统一接收进馆；单位档案室对本单位和下属单位的档案按年度统一接收等。

2. 随时接收

它是档案馆（室）对档案移交单位（部门）形成的文件材料在完成现行使用价值后的及时接收归档。这种方法一般针对项目档案。如城建档案馆（室）对建设工程在竣工验收后及时接收档案进馆，单位档案馆（室）在本单位进行的基建、科研、产品等项目结束后，对形成的档案及时接收归档。

（三）城建档案接收的步骤

根据城建档案的类别不同，城建档案接收的步骤也有所不同，具体情况如下：

1. 城建档案管理机构对建设系统业务管理档案的接收可按下列步骤进行：

（1）拟定年度接收工作任务目标。

（2）确定接收工作的重点及对象。

（3）组织实施人员分工。

（4）对拟接收档案的单位开展接收前的业务指导和服务。

（5）审核准备移交的档案内容。

（6）审核档案的质量。

（7）核对移交清单与实物，填写建设系统业务管理档案接收和移交证明书、目录。

（8）双方在建设系统业务管理档案接收和移交证明书上签名盖章。

2. 城建档案管理机构对建设工程档案的接收应按下列步骤进行：

（1）核对档案移交目录和档案实物，填写建设工程档案接收和移交证明书。

（2）办理接收手续，双方在建设工程档案接收和移交证明书上签名盖章。

3. 城建档案形成单位移交档案的时间应符合下列规定：

（1）建设工程的勘测、设计、施工、监理等单位应在本单位承担的工程任务完成后，将本工程形成的文件立卷后向建设单位和本单位的档案机构移交。

（2）建设单位对列入城建档案管理机构接收范围的工程档案，应在工程竣工验收后 3 个月内向当地城建档案馆移交。

（3）地下管线工程档案应在工程竣工验收备案前向城建档案馆移交。

（4）建设系统各行业管理部门形成的各种业务管理档案，应及时向本单位档案机构移交，并应在本单位保存使用 1 ~ 5 年后，将需要永久和长期保管的档案全部向城建档案馆移交。

（5）城市地下管线普查和测绘形成的地下管线档案，应在普查结束后 3 个月内向城建档案馆移交。

（6）地下管线专业管理单位每年应向城建档案馆报送一次更改、报废、补测部分或修测的地下管线现状图和有关资料。

4. 双方交接手续应符合下列规定：

（1）交接双方必须根据档案移交目录进行核对，经核对无误后方可在移交书上签名盖章。

（2）建设系统业务管理档案接收和移交证明书、工程档案接收和移交证明书一式两份，一份由移交单位保存，一份由接收单位保存。

四、城建档案征集工作

（一）征集工作的含义

征集就是城建档案管理机构对散存、散失的具有永久保存价值的城建档案采取应征性收集的行为。征集实际上是一种协商性的征收方式，是档案馆一项经常性的档案收集工作。档案征集工作只能由国家档案馆（如城建档案馆等）来进行，单位档案室没有此项职能。

（二）征集工作的重点和范围

征集工作的重点，是社会组织和个人形成和保存的对本地区具有重要历史研究、学术研究价值和反映地方城市建设历史和发展的档案资料。包括照片、影片、录音、录像、图纸、画册、笔记、史志以及相关实物等。

征集范围可包含下列内容：

（1）历代形成的反映本城市（镇）自然面貌、发展变迁和记录各项工程建设的档案资料，包括图纸、图表、图书、报刊、画册、文件、报表、照片、录像带、模型等。

（2）对国家和社会具有保存价值或者应当保密的档案。

（3）城市历史、自然、经济等方面的基础资料。

（三）征集工作的途径和对象

征集工作的途径主要是从各个社会组织征集散存的历史档案；从个人手中征集珍贵的城建历史资料；从国内外图书馆、博物馆征集历史资料复制件等。

征集工作的对象可包括有关部门、大专院校、科研部门、图书馆、史志办等相关单位，以及长期从事城乡规划、建设和管理活动的领导、专家、工程技术人员等。

（四）征集工作的方法

（1）无偿征集。就是档案馆经过协商，与档案所有人达成一致，将档案资料无条件地征集进馆。无偿征集主要有捐赠、捐献等。

（2）有偿征集。就是档案馆经过协商，与档案所有人达成一致，将档案资料有条件地征集进馆。有偿征集主要有补偿性、奖励性捐赠或捐献、过渡性寄存、复制副本、交换和交流等。

（3）购买。就是档案馆以货币的形式，直接向档案持有单位或个人征购。

（4）征收。就是档案馆或有关执法部门，依法采取强制手段将档案强行征集进馆。

（5）交换。就是各档案馆之间或档案馆与图书馆、博物馆、纪念馆等机构之间交换各自应当保存的属于本地的档案资料。

（五）征集工作的要求

（1）征集工作应有两名以上工作人员共同进行。

（2）征集城建档案时，征集人员应主动出示表明身份和工作任务的证明文件。

（3）征集人员应自征集完成之日起10日内将征集到的城建档案交城建档案管理机构。

（4）城建档案管理机构应将征集的档案登记造册。

（5）对征集到的档案真伪或者价值有异议的，城建档案管理机构或者档案所有人可以提请城建档案鉴定委员会鉴定、评估。

（6）城建档案鉴定委员会由当地城建档案管理机构聘请有相关知识的专家组成。鉴定、评估档案应有3名以上相关专家共同进行。

（六）城建档案征集工作的具体做法

1. 广泛宣传，增强意识，扩大影响

征集档案应通过电台、电视台、报纸、杂志、互联网等多种媒体以及会议、展览等场合，采取播放或刊登征集广告和发放文件的形式，向社会宣传档案征集工作的目的、范围和意义，宣传历史档案对编史修志、科学研究、学术研究的作用，宣传捐赠历史档案就是保护国家历史文化财富的观念，宣传社会上捐赠历史档案的典型事例，从而使更多的人了解档案征集工作的意义，为征集工作提供更多的线索和支持。

2. 调查研究，摸清情况，有的放矢

征集工作应重视调查研究，要组织人员，有针对性地进行档案的征集。特别是对曾经在城市建设系统中工作过的老同志、老专家、老领导，要上门进行走访、了解。在基本摸清情况的基础上，有计划、有目的、有步骤地开展征集工作。

3. 健全组织，明确职责，注重实效

征集工作的开展涉及面广，政策性、专业性强，应注意方式方法。因此，必须建立一套征集工作的组织机构，配备合适的专业人员。还可聘请熟悉档案工作、有责任心的社会人士担任义务征集员，建立档案征集工作网络。并定期召开会议、了解情况、征求意见、掌握线索、明确分工，以便有效开展工作。

4. 依法征集，奖惩结合，长期打算

征集档案是《档案法》赋予档案馆的一项使命，城建档案馆应当积极采取措施，依法征集城建档案。同时，应采用精神鼓励和物质奖励相结合，采取国家接收、个人捐献或购买等多种方式，确保档案征集工作的效果，保证征集工作长期、稳定、有序地开展。城建档案馆应鼓励单位和个人捐赠城建档案。对捐赠者颁发档案捐赠证明，明确捐赠者享有优先和无偿利用所捐赠档案的权利。

第二节 城建档案的整理

一、城建档案整理的内容和意义

城建档案整理应遵循城建文件材料的自然形成规律，保持文件材料之间的有机联系，充分尊重和利用原有的整理基础，便于保管和利用。城建档案的整理就是对文件材料进行组卷、排列、编目、装订，使之有序化和系统化的过程。城建档案整理工作是城建档案归档工作的前提和基础，是城建档案馆（室）的一项基础工作。

（一）城建档案整理的工作内容

从城建档案整理工作的步骤来看，主要包括两方面的内容：城建档案的系统整理和科学编目。

系统整理，是对城建档案进行合理分类、有序排列，使之条理化和系统化，从而反映城建档案的自然形成规律，保持城建档案内在的有机联系。其具体工作内容有：分类、组卷和排列。

科学编目，就是通过一定的形式，按照一定的要求，正确地固定系统整理的成果，准确地提示城建档案的内容和成分。其具体工作内容有：卷内文件编目、案卷编目和编制案卷目录。

整理和编目是城建档案整理工作中不可缺少的两个方面。

（二）城建档案整理工作的意义

城建档案整理工作是城建档案业务工作的中心环节，在城建档案管理工作中具有十分重要的意义。

数量庞大的城建档案材料，如不进行科学规范的整理，查找一份文件便如同"大海捞针"。而且不把文件材料联系组合起来，就不能充分体现城建档案的特点，就会影响以至失去城建档案的利用价值。只有把城建档案组成合理化的体系，才能客观地反映各种城建活动的本来面貌，便于系统地查考研究。所以，做好整理工作是城建档案利用、开放，发挥城建档案作用的一项重要而必须的前提条件。同时，优化城建档案整理工作，可以促进城建档案工作各个环节的良性运行和协调发展。通过档案的整理可以进一步了解和检验档案收集工作的质量，促进其改善和提高。城建档案经过整理，可以为全面鉴定档案的价值和建立计算机检索系统奠定科学基础，还能为档案的保护、统计、检查工作提供基本的单位和完整的体系，便于维护城建档案的完整和安全。所以，城建档案整理工作是开发城建档案信息资源的重要基础，整理工作科学化、标准化水平的提高，对于城建档案管理工作的总体优化具有直接和广泛的影响。

二、城建档案整理工作的原则

整理工作的原则，就是应当遵循城建档案的自然形成规律，充分尊重和利用原有的整理结果，最大限度地保持城建档案文件之间的有机联系，便于城建档案的保管和利用。

（一）城建档案整理工作应当遵循城建档案的自然形成规律

城建档案是城市规划、建设和管理活动的产物，产生于城市规划、建设和管理活动的全过程，它是伴随着城市规划、建设和管理活动的各个阶段、各个程序的运行逐步形成的。这就是城建档案的自然形成规律，这种规律表现为城建档案形成的过程性、阶段性、程序性等特点。城建档案的整理，必须遵循这个规律，这样才能保持城建档案内部固有的"过程性、阶段性、程序性"，才能真实反映城市建设的原貌，才是科学的整理。

（二）城建档案整理工作应当充分尊重和利用原有的整理基础

城建档案整理工作要充分尊重历史和前人的劳动，充分利用原有的整理基础，这样才有利于提高整理工作的质量和效率，以适应提供利用的需要。

所谓"利用原基础"整理档案的含义和要求包括两个方面：

（1）充分重视和利用先前的整理基础，以确定档案整理的任务和要求，不要轻易打乱重整，应力求保持其原有的整理体系。

（2）在档案整理过程中，应该充分研究和利用原来的整理成果，不要轻易破坏以往整理和保存的历史状况。

（三）城建档案整理工作应最大限度地保持城建文件之间的有机联系

所谓城建文件之间的有机联系，就是城建文件在产生和处理过程中所形成的内部相互关系。这种关系主要表现在城建文件的来源、时间、内容和形式几个方面。

城建文件的来源关系，是指城建文件的产生和形成单位的关系。如建设单位、施工单位、监理单位、管理审批部门等。形成城建文件的这些单位，使城建文件构成了来源方面不可分割的内在联系，整理时必须保持这种来源方面的固有联系。

城建文件的时间关系，是指城建文件产生的一个阶段或一个年度的关系。整理城建文件时，应该在保持来源联系的同时，注意保持城建文件之间的这种时间联系。

城建文件的内容关系，是指城建文件形成单位的同一活动或同一个项目的文件之间在内容上具有密切的联系。这种联系是城建档案整理工作中要考虑的最重要的一个方面。

城建文件的形式关系，是指城建文件的载体和记录方式方面的联系。由于城建文件的载体、记录方式不同，整理工作的要求也有所不同，因此在整理工作中也要充分考虑城建文件的形式关系。

对于保持城建文件之间的联系，我们应该辩证地看待和处理。不能只要一看到城建文件之间的某种联系就随意整理，应该从整理工作的全过程看，从档案的来源、内容、时间和形式等方面，全面地保持联系。同时，城建文件之间的内在联系是相对的，应该根据不同档案的特点及其不同的形成情况，采取保持城建文件联系的不同方法。

总之，就是既要把握保持城建文件联系的客观限度，又要发挥主观能动性，从特定的整理对象出发，对整理方法进行优化，使城建文件之间的内在联系保持在最合理的状态。

（四）城建档案整理工作应当便于城建档案的保管和利用

保持城建文件之间的内在联系，不是整理城建档案的主要目的，所以不能"为联系而联系"。便于城建档案保管和利用，才是城建档案整理工作的基本出发点和最终要求。

总的来说，整理档案时，恰当地保持城建文件之间的有机联系，应当是便于保管和利用的，所以它们基本上是一致的。但是，保持城建文件的内在联系和便于保管利用，有时也不尽一致。如同一个项目的会议记录、照片和录音磁带，就其内容而言，无疑是有相互之间的内在联系。但是把这些形式不同的材料全部混同起来进行整理，显然不便于保管和利用。在整理档案时，特别是在保持城建文件之间的联系和便于保管利用发生矛盾的时候，不能机械地运用保持文件内在联系的原则，还要充分考虑档案的保管和利用。因此，对于不同种类的城建档案，或记录方式、载体材料、机密程度、保管价值等显然不同的文件，应当根据情况分别整理，恰当地组合，并在相应的范围内保持文件最优化的联系。

三、城建档案的分类

城建档案的分类，就是把一个单位或一个项目的全部档案，按其来源、时间、内容和形式的不同，分成若干层次和类别，使之构成一个有机的体系。

（一）城建档案分类的意义

档案的分类，对于整个档案整理工作的组织和质量以及日常的档案管理都有重要意义。首先，档案不进行分类，显然仍是一堆杂乱无章的材料。只有对档案进行科学合理的分类，才能揭示出它们之间的内在联系，才能使这些档案材料成为一个有机整体，便于系统地利用。其次，档案不分类，立卷、排列、编目等工作就难以进行。只有经过一定的分类，其后的一系列环节才易于着手进行和逐步深入。

（二）城建档案分类的原则

（1）符合城建档案形成单位及其专业活动的性质和特点。

（2）根据文件材料的内容，选择和运用适当的分类方法。

（3）遵循文件材料的形成规律，保持文件材料的有机联系。

（三）城建档案分类的要求

1. 档案类目和档案材料的划分应该具有客观性

城建档案是城市建设活动的产物，有其自身的形成规律和内在联系，我们应该按照不同项目、不同专业档案的情况，科学地选择分类方法，合理地设置类目，准确地划分归类，客观地反映档案形成单位活动的面貌。

2. 档案分类体系应该具有逻辑性

档案分类体系的构成应该力求严密，必须遵循每次分类按照同一标准进行、子类外延之和等于母类外延、子类相互排斥等逻辑规则，尤其需要注意分类标准的一致性和类别体系中纵横关系的明确性。

3. 档案的分类应该注重实用性

在选择分类方法时，必须注重实用性，尤其要考虑档案的分类必须便于保管、检索和利用。

（四）城建档案分类的一般方法

在实际的分类过程中，可以根据档案的属性和特点、档案的社会利用需要等方面的因素，确定所采用的分类标准及其运用的先后次序。分类方法一般有以下几种：

1. 年度分类法

年度分类法是档案分类时经常采用的分类方法，即按照文件的形成年度进行分类。采取年度分类法的主要是业务管理类档案，如建设工程规划许可证、建设工程施工许可证、竣工备案等项目审批档案。

2. 来源分类法

来源分类法是按照文件的产生和形成单位来分类。如按建设单位、施工单位、监理单位、管理部门等分类。

3. 专业分类法

专业分类法是根据城建档案内容所反映的不同专业性质来分类。如按非工程档案分为城市勘测、城市规划、城市建设管理、环境保护等大类，在属类和小类的划分中也可以根据档案的实际情况按专业分类。如建筑档案按工业建筑、民用建筑分类。按专业分类，能将同一专业性质的档案集中在一起，便于查找和利用。

4. 载体分类法

载体分类法是按照文件的载体形式和记录方式来分类。如按照片、录音、录像、光盘、磁盘等载体进行分类。

5. 工程（项目）分类法

工程（项目）分类法是按建设工程项目的每个单项工程来进行分类。如一个学校的教学楼、实验楼、办公楼、体育馆、图书馆等。

6. 程序分类法

程序分类法是按工程准备（又分立项、用地拆迁、勘察设计、招投标、开工审批）、施工建设、竣工验收等工程建设程序分类。

7. 问题分类法

问题分类法是按文件的主题内容进行分类，如建设用地审批、拆迁许可、工程竣工备案、房屋权属登记等。

8.权属分类法

权属分类法就是按照档案所阐述对象的权属进行分类。这种分类法一般适用于产权产籍管理、土地管理等档案的分类。

上述分类方法在实际应用时，应根据具体情况并结合其他特征综合运用。当文件材料较多时，应将年度、来源、专业、工程（项目）、程序等分类方法结合运用。可将年度、专业、工程相结合，形成"年度—专业—工程（项目）"分类法，也可将工程（项目）、程序、专业相结合，形成"工程（项目）—程序—专业"分类法。

业务管理档案宜采用"年度—专业—工程（项目）"分类法，或"年度—工程（项目）"、"年度—问题"分类法。

建设工程档案宜采用"工程（项目）—程序—专业"分类法。

第三节 城建档案的编目

一、城建档案编目工作的含义和内容

城建档案的编目是指城建档案馆（室）对城建档案进行著录、标引和组织、制作目录的工作，是城建档案管理中的一项重要内容。

城建档案编目分为两个阶段：一是在城建档案整理过程中进行的初步编目，包括案卷封面编目（拟定案卷标题、确定和填写卷内文件起止日期等），编制案卷目录和卷内文件目录，以固定整理工作的成果。二是在初步编目的基础上编制案卷（文件）目录、总目录、分类目录、计算机机读目录、缩微目录、专题目录等，以提供各类档案检索工具。

城建档案编目的内容主要包括城建档案著录、标引、目录组织等。

二、城建档案著录

（一）城建档案著录的含义

城建档案著录是指在编制城建档案目录时，为提取城建档案信息，对城建档案的内容和形式特征进行分析、选择和记录的过程。内容特征是对城建档案主题的揭示，包括城建档案的分类号、主题词、摘要等。形式特征包括城建档案的题名、责任者、形成时间、地点、档案号、载体等。

（二）城建档案著录的作用和意义

城建档案著录工作具有登记、介绍、交流和检索等作用，其中最主要的是检索作用。

无论是组织手工检索工具体系，还是建立计算机数据库，都必须通过著录工作，对纳入检索系统的每一个文件给出检索标识。没有检索标识的文件不能存储在检索系统中，当然也就不可能对其进行检索。因此，城建档案著录是进行档案检索，尤其是计算机检索必不可少的前提。

同时，档案著录的质量对于档案的检索效率具有重大影响。如果著录中主题分析不准确，给出的主题与档案实际内容不符，就会造成漏检或误检。如果著录人员不熟悉检索语言，给出的检索标识与档案主题不符，也会造成漏检或误检。因此，档案著录工作是一项要求较高的工作，而且工作量也相当大。档案著录工作的质量直接影响着城建档案现代化管理的成效。

三、城建档案标引

（一）档案标引的定义

在城建档案著录中，对档案内容进行分析和选择，并赋予其规范化检索标识的过程，称为档案标引。其中赋予其分类号标识的过程称为分类标引，赋予其主题词标识的过程称为主题标引。

（二）分类标引应遵循的原则

（1）以国家机构、社会组织从事社会实践活动的职能分工为基础，结合档案记述和反映的事物属性关系，并兼顾档案的其他特征。

（2）城建档案管理机构应以城市建设档案分类大纲为依据，编制科学、切实可行的分类法则。

（3）建设系统业务管理档案以及工程建设、勘测、设计、施工、监理等单位管理的城建档案的分类由形成单位按照本单位制定的分类体系进行。

（4）档案分类标引应充分考虑实际的检索需求和检索方式，根据档案的具体内容和社会需求，选定适当的标引深度。

（5）档案分类标引必须按专指性的要求，分入恰当的类目，不得分入较宽的上位类或较窄的下位类。

（6）档案分类标引应保持一致性。

（三）标引的步骤和方法

标引的步骤主要包括主题分析和概念转换两个方面。具体地说就是通过对档案的内容进行分析，明确档案中所记述的主要内容，然后用检索语言将其充分、准确、简明地表达出来。档案分类标引和主题标引都离不开这两个步骤。在主题分析方面，分类标引和主题标引的方法大体一致，只是根据标引方针不同对主题确认程度不同而已，但在概念转换方面二者有所不同。

1. 主题分析

主题分析是确定被标引档案主题概念的过程。主题分析的主要内容有两个方面：一是分析主题的类型；二是分析主题的构成因素，也称主题因素。

主题的类型依据档案内容可分为单主题和多主题。单主题是指一件（卷）档案只表达一个问题；多主题是指一件（卷）档案表达两个以上的问题。

主题因素分为五种：

（1）主体因素。即反映文件主题内容的关键性概念。

（2）通用因素。即对主体因素起补充和限定作用的通用概念。

（3）位置因素。即文件所记述对象的空间和地理位置概念。

（4）时间因素。即文件所记述对象存在的时间概念。

（5）文件类型因素。即文件类型和形式方面的概念。在档案标引中，主体因素是最重要的，必须标出。

在进行主题分析时，可通过审读档案、阅读题名、浏览正文、查阅档案的外部特征等方法进行。

2. 概念转换

指将主题分析过程中获得的主题概念转换（翻译）成检索语言中的检索标识的过程。它不是字面上的转换，而是根据概念的含义来进行转换。正确的主题分析是概念转换的可靠基础。概念转换得正确与否，又直接关系到标引结果的正确性。分类标引概念转换的基本方法是：根据主题分析的结果，查找档案分类表，将其相应类目的分类号作为检索标识赋予被标引文件。主题标引概念转换的基本方法是：根据主题分析的结果，查找档案主题词表，将其相应的主题词作为检索标识赋予被标引文件。对于单主题文件的概念转换，只要赋予相应的一个分类号或一个至若干个主题标识即可；对多主题文件则需要分解为单主题，分别赋予其分类号和主题词。

第四节 城建档案的统计

一、统计工作的内容

城建档案统计工作，是以数字和报表的形式，揭示城建档案的库藏和城建档案管理状况的一项基础工作。统计工作是城建档案事业建设的一项重要的基础工作，是对城建档案业务和城建档案事业管理实行监督的有效手段，一般每年至少进行一次。统计工作包括下列主要内容：

（1）城建档案统计调查，即在确定城建档案统计任务和方案后，根据研究的目的，搜集各种城建档案统计资料。

（2）城建档案统计整理，即对调查取得的城建档案统计资料进行汇总、整理、分组、计算，得出需要的档案统计指标。

（3）城建档案统计分析，即对经过整理的城建档案统计资料，结合实际情况，进行分析研究，发现问题，提出意见。

（4）统计年报为了解城建档案工作的规模、结构和发展水平，全面、及时、准确地反映各地区城建档案工作基本情况，制定发展规划和进行科学管理提供依据。

二、统计工作的基本任务

统计工作的基本任务是对城建档案和城建档案工作的开展情况及时进行统计调查、整理、分析，提供准确的统计数据和全面的分析资料。

三、统计工作的要求

（1）城建档案统计要坚持实事求是的原则，如实反映情况，确保统计数据的真实、准确，这是统计工作的基本要求。

（2）城建档案统计工作应建立健全工作制度，指派专人进行。

（3）统计时间要及时，数据和情况要按时更新，以确保统计数据的时效性。

（4）统计工作要持续进行，以获取连续性强的统计数字，这样才能比较客观地反映统计对象发展、变化的规律。

（5）统计工作应按照上级部门规定的方法、计量单位、报表格式进行。

（6）统计报表应字迹工整、清晰，并应按上级部门规定的时间要求及时报送。

（7）填写统计报表应认真、严谨，不得伪造。

（8）各类档案统计报表及综合统计报表，除报上级部门外，本单位应自留一份存档备查。

四、统计工作的步骤和方法

统计工作应按照统计调查、统计资料整理、统计分析、汇总上报四个步骤进行。

（一）统计调查

统计调查既包括对原始资料的收集，也包括对已经加工的资料的收集。按照收集档案统计资料的组织方式的不同，分为常规统计和专门组织的统计。专门组织的统计常用的方法有普查和抽样调查。

常规性统计，即对城建档案的构成数量、保管状况、鉴定情况、利用情况及机构队伍等基本情况进行的定期统计调查。

专门组织的统计，是为完成某项调查任务专门组织的一次性全面调查统计。

（二）统计资料整理

城建档案统计资料整理是对档案统计调查所获取的大量的统计资料加以系统化，使之成为能够反映城建档案工作整体情况的统计资料的工作。统计资料整理应包括下列内容：①城建档案统计分组；②形成城建档案统计表。

（三）统计分析

城建档案统计分析是在大量统计资料、数字和数据的基础上，经过综合加工、分析而产生的档案统计信息，既有定量信息，又有定性信息，体现城建档案统计工作活动的最终成果。

统计分析可采用专题分析、综合分析、对比分析、分组分析等方法。根据统计分析的结果撰写统计分析报告。

（四）统计材料的汇总上报

统计材料的汇总上报可根据要求采取下列方法：①逐级汇总上报；②集中汇总上报；③越级汇总上报。

第五节 城建档案的鉴定

一、城建档案鉴定的内容、任务和意义

（一）城建档案鉴定工作的内容

城建档案鉴定是城建档案管理机构按照一定的原则、标准和方法，根据城建档案的价值来决定对其进行最后处置的工作。

城建档案鉴定工作的基本内容包括六个方面：

（1）制定城建档案价值鉴定的统一标准及各类城建档案的保管期限表。

（2）具体分析城建档案的价值，划分和确定不同档案的保管期限。

（3）将无保存价值和保管期满的城建档案，按规定进行销毁或做相应的处理。

（4）确定归档材料的密级。

（5）定期对所保管的城建档案进行降密与解密。

（6）围绕上述工作开展的一系列鉴定组织工作。

（二）城建档案鉴定工作的任务

（1）通过鉴定城建档案的保存价值，划分保管期限，确定馆藏成分，优化馆藏城建档案的质量。

（2）通过确定城建档案的保存价值，为城建档案馆的收集和保管工作奠定基础。

（三）城建档案鉴定工作的意义

1. 城建档案鉴定是"去粗取精"、提高管理效益的有效措施

随着时间的推移，城市建设各项工作快速发展，城建档案的数量不断增多，如果"玉石不分"地全部保存，会使库存城建档案杂而不精，同时也势必影响对有价值城建档案的管理和利用。城建档案的鉴定在某种意义上讲，就是解决庞杂与精练的矛盾，是对城建档案材料进行"去粗取精"的工作。城建档案鉴定工作有助于集中人力、物力，使有价值的城建档案得到更妥善的保管，有利于城建档案价值的充分发挥。

2.城建档案鉴定是关系"档案存亡"的一项非常严肃的工作

鉴定实质上是对档案材料的选择，它决定了档案的"去留"和"存毁"，涉及城建档案馆藏的质量。如果错误地销毁了有价值的城建档案，会造成不可挽回的损失；反之，保存大量无价值的城建文件材料而使"档案膨胀"，也有碍城建档案的科学管理和利用。因此，开展城建档案鉴定工作必须严肃认真，而且要求具备较高的专门知识和业务水平，以最大限度地保证鉴定的准确性。

二、城建档案鉴定的原则和标准

（一）决定城建档案保存价值的因素

城建档案鉴定工作的主要着眼点，是挑选和确定哪些城建档案需要保存以及保存多长时间。因此，鉴定城建档案的价值，更确切地说，是鉴定城建档案的保存价值。

鉴定城建档案是否具有保存价值和具有怎样的保存价值，取决于两个方面：即城建档案自身的特点和社会利用的需要。

1.城建档案自身的特点和状况是决定城建档案保存价值的基础

城建档案的内容、来源、形式以及其他各种情况，影响着城建档案是否具有保存价值，有什么样的保存价值。

2.社会利用需要是决定城建档案保存价值的社会因素

城市规划、建设、管理工作和社会各界对城建档案的利用需要，影响着城建档案的保存价值。库藏的各种城建档案是否需要利用，怎样利用，都直接影响着城建档案是否具有保存价值，有什么样的保存价值。

上述决定城建档案保存价值的两个方面的因素，是相互作用、辩证统一的，两方面的因素都是客观存在的。为使分析和预测的档案保存价值符合或接近客观实际，必须以辩证唯物主义和历史唯物主义为指导，不能认为城建档案价值难以完全预测准确而随意进行。因此，制定和遵循鉴定城建档案价值的原则至关重要。

（二）鉴定城建档案的原则

城建档案鉴定工作的原则，就是必须从国家和社会的整体利益出发，用全面的、历史的、发展的观点来判定档案的价值，城建档案的存、毁，应遵循谨慎、认真的原则。

全面的观点。就是全方位、多层次地预测城建档案利用的需要，估计和判断城建档案的潜在价值，全面分析和衡量城建档案的作用，要全面审视城建档案的内部特征和外部特征，切忌孤立地、简单地判定城建档案的保存价值。

历史的观点。就是尊重历史，根据城建档案形成的时代背景、历史条件，具体分析城建档案的内容和形式，以及城建档案之间的相互关系，从而衡量、判定城建档案的价值。

发展的观点。就是以发展的眼光认识和估量城建档案的价值，预测城建档案的长远历史意义。既要分析城建档案在当代的现实作用，又要充分推测判断城建档案为后人发挥的历史作用。

（三）鉴定城建档案价值的标准

城建档案的价值鉴定标准主要有城建档案来源标准、城建档案内容标准、城建档案形式特征标准。

1. 城建档案来源标准

城建档案的来源是指城建档案的形成者。城建档案的形成者在社会上的地位、作用和职能影响和决定着城建档案的价值。

2. 城建档案内容标准

城建档案内容是决定城建档案价值最重要、最本质的因素。当城建档案的内容能够为利用者解决疑难问题，满足利用者的信息需要，便体现出城建档案内容的潜在价值。对城建档案内容的分析可着眼于四个方面：

一是城建档案内容的重要性。城建档案是对历史活动的记载，而这些活动本身的重要程度直接影响着城建档案的价值。同时，在维护国家、集体、个人利益，在科学研究、总结经验等方面具有证据性、查考性作用的城建档案都具有较高的价值。二是城建档案内容的独特性。城建档案是城建历史活动的原始记录，其内容有独一无二的特点，是决定城建档案特有价值的重要因素。三是城建档案内容的时效性。城建档案作为处理城建事务、记录城建时事、传递城建信息的重要手段，在行政上、业务上、法律上具有一定的时效性。城建档案的时效性也对城建档案的价值具有直接影响。四是对城建档案内容的真实性、完备性也要加以考察，以准确把握城建档案内容的价值。

3. 城建档案形式特征标准

城建档案的形式特征是指城建文件的名称、责任者、形成时间、载体形式、记录方式等。在某些情况下，这些形式特征也可能对城建档案的价值产生影响。

在根据上述标准分析城建档案的价值时，要始终坚持辩证的思维方式，切忌机械、片面地强调某一方面而忽略其他方面。因此，必须综合考察城建文件各方面的特点和作用，全面把握城建档案的内在价值。

三、城建档案鉴定工作的类型

城建档案鉴定工作的类型有两种：进馆鉴定和馆内鉴定。

（一）进馆鉴定

就是城建档案接收进城建档案馆前的鉴定，主要是对移交来的城建档案进行筛选，对原有的鉴定结果进行审核把关，按照馆藏建设的要求决定城建档案是否接收进馆，从而起到优化馆藏的作用。这项鉴定工作的内容一般包含在城建档案馆（室）的城建档案接收归档等前期工作中。

（二）馆内鉴定

就是对保存在城建档案馆的城建档案进行的价值鉴定，包括定期鉴定、到期鉴定、开放鉴定和销毁鉴定等。

定期鉴定，就是定期对馆藏城建档案的保存价值进行鉴定。

到期鉴定，就是对保存期限到期的城建档案进行再鉴定，将确无保存价值的城建档案剔除，仍需继续保存的城建档案重新划定保管期限。

开放鉴定，就是按照国家有关规定，对应当向社会开放的城建档案进行甄别，决定是否开放。

销毁鉴定，就是在准备销毁城建档案之前，对经鉴定后欲销毁的城建档案进行最后的复查，避免错误地销毁城建档案。

四、城建档案鉴定的基本工作方法

（1）城建档案的鉴定宜采用直接鉴定法，即城建档案的鉴定人员通过直接审查城建档案材料的内容及各种特征来鉴定其保存价值和密级。

（2）城建档案鉴定应根据城建档案保管期限表、档案密级及控制利用范围的规定，结合城建档案自身的特点和状况，以及社会利用的需要等进行。

（3）城建档案的价值可以从以下三个方面进行分析：

①档案的内容；②档案的来源、时间和形式等；③档案的完整程度。

五、城建档案管理机构的鉴定工作

（1）城建档案管理机构的档案鉴定包括对接收进馆档案的鉴定和对馆藏档案的鉴定两部分。

（2）城建档案管理机构在档案接收进馆时，应对档案的密级、保管期限等进行审核鉴定。

（3）城建档案馆的馆藏档案鉴定工作，应由专门的鉴定工作小组和鉴定委员会进行。

（4）鉴定工作小组应由城建档案馆工作人员组成，其主要任务应包括下列内容：

①根据城建档案保管期限表和有关法律、法规、规章和标准，制定详细的鉴定标准和工作方案；②对馆藏档案进行具体的鉴定工作；③列具拟降密、解密档案清册、拟销毁档案清册、拟开放档案目录、拟划控使用档案目录等；④撰写鉴定工作报告，写明鉴定工作过程、鉴定工作标准、拟降密解密档案内容分析、拟销毁档案内容分析、拟开放档案内容分析、拟划控使用档案内容分析，以及对重点、难点问题的处理意见等。

（5）鉴定委员会是由城建档案馆馆长、馆内有关业务人员、相关专业管理部门的代表以及与被鉴定档案有关的单位负责人（或代表）、有关专家组成。

（6）鉴定委员会的工作应包括下列内容：

①讨论、审查鉴定工作标准和工作方案；②讨论、审查鉴定工作报告和拟降密、解密档案清册、拟销毁档案清册、拟开放档案目录、拟划控使用档案目录等，必要时还应直接审查或抽查有关档案；③形成鉴定委员会审查意见。

（7）城建档案管理机构应将鉴定委员会审查意见、鉴定工作报告、拟降密或解密档案清册、拟销毁档案清册、拟开放档案目录、拟划控使用档案目录等，送交档案形成单位征求意见。

（8）档案形成单位反馈意见后，形成鉴定结果。

（9)根据鉴定结果,对拟降密、解密、销毁的档案必须编制拟降密、解密、销毁档案报告和销毁清册，并报有关部门审查。档案的降密、解密或销毁必须得到有关部门的批准。

六、城建档案室的鉴定工作

（1）建设系统各行业（专业）管理部门档案室、建设工程档案形成单位档案室的鉴定工作包括归档时对文件材料的鉴定和对所保管档案的鉴定。

（2）档案鉴定工作应由档案室会同本单位技术负责部门、业务部门共同进行。

（3）档案室应会同本单位技术负责部门、业务部门制定本单位文件材料归档范围、档案密级与保管期限表，经单位领导批准后执行，并据此进行档案鉴定工作。

（4）归档的案卷封面上必须注明密级与保管期限。

（5）档案室在检查归档案卷质量时，应检查其密级与保管期限的准确性。

（6）档案室应根据保管期限规定，每年或按规定时间将保管期满的档案调出，经本单位技术负责部门、业务部门、主管领导审阅，认定无须继续保存的，方能销毁。

（7）档案室应根据保密规定，每3～5年对档案密级进行一次鉴定。根据社会经济和科技发展形势，将可解密或降低密级的档案调出，经主管部门和保密部门审阅批准后，方可解密或降密。

七、城建档案的降密、解密与销毁

（1）降密、解密、销毁和保管期限变更档案清册批准后，应在相应的案卷封面上重新标注新的保管期限和密级，并更改相应的各种目录、数据库记录等，使其与鉴定结果相一致。对确定失去保存价值的城建档案，按规定程序报批后，方可剔除销毁。

（2）降密、解密、销毁和保管期限变更档案清册应一式两份，一份留在城建档案管理机构永久保存，一份报上级主管机关及业务主管机关。

（3）销毁是指经过鉴定，对失去价值的城建档案做毁灭性处置的过程。销毁前，必须严格履行手续，编制销毁清册，做好登记台账。准备销毁的档案在未批准前，应单独保管，以便审批时检查。

（4）销毁清册应包括清册名称、单位、鉴定小组负责人姓名、鉴定时间、销毁审批人姓名、销毁人姓名、监销人姓名、档案号、案卷题名、数量等。

（5）城建档案馆对确定销毁的城建档案应设定 1～2 年的待销期，以免误销。

（6）具体销毁工作由城建档案管理部门执行。销毁时应在两名及以上监销人的监督下，送指定单位销毁。销毁工作应注意保密与安全。销毁完毕后，监销人应在销毁报告上签字。

（7）城建档案销毁后，应将销毁的城建档案从各种目录及数据库中注销，包括撤掉有关的卡片。

第六节　城建档案的保管与保护

一、城建档案保管与保护工作的含义和内容

城建档案的保管与保护是指根据城建档案的成分和状况所采取的存放和安全防护措施。维护城建档案的完整与安全是城建档案工作的基本原则和基本要求，而城建档案保管和保护工作是实现城建档案完整与安全的重要环节和直接手段。维护档案的完整与安全是城建档案的保管与保护工作中最基本、最经常的任务。

城建档案的保管与保护工作是城建档案管理部门的一项经常性业务工作。主要包括三个方面的内容：①城建档案的库房管理；②城建档案流动过程中的保护；③保护城建档案的专门措施，即为延长城建档案的寿命而采取的诸如复制和修补等专门的技术处理。

这三方面的工作，有的要与收集、整理和利用等工作结合进行，有的则须单独组织进行。

二、城建档案保管与保护工作的任务和意义

（一）城建档案保管与保护工作的任务

城建档案保管与保护工作是城建档案管理工作的重要环节，其基本任务是：了解和掌握城建档案损坏规律，通过经常性的工作，采取专门的技术措施，最大限度地防止和减少对城建档案造成危害的不利因素，延长城建档案的寿命，维护城建档案的系统性和完整性，保证城建档案的安全。

城建档案损坏和遭受破坏的因素主要有两种：人为因素和自然因素。

　　人为因素主要表现在以下三个方面：①出于某种不良动机，故意对某些档案文件进行有目的、有意识地破坏；②由于档案工作人员或整理、保管、利用档案时接触档案的有关人员麻痹大意，或玩忽职守，或不遵守规章制度，以及缺乏城建档案业务经验等，导致管理和使用上的不当而造成城建档案的丢失、损坏或档案系统的紊乱；③在城建档案管理和利用过程中，难以避免地发生档案的老化。如频繁使用、复印等造成的磨损、老化等。

　　自然因素主要有以下两个方面：

　　①内因，档案本身。主要是指档案文件的制成材料、字迹材料，如纸张、胶片、磁带等载体材料，墨水、油墨等书写、印刷及其他附着材料，这些材料本身的耐久性及其变化直接影响着档案本身的寿命。

　　②外因，档案所处的环境和保管档案的条件。如不适宜的温湿度、光线、灰尘、虫、鼠、水、火、机械磨损、腐蚀性气体、强磁场以及人为污损等因素对城建档案造成的损害。

　　（二）城建档案保管与保护工作的意义

　　城建档案保管与保护工作在整个城建档案工作中具有重要意义。

　　（1）做好城建档案保管与保护工作是集中统一管理城建档案、维护城建档案的完整与安全的重要措施，也是不断丰富城建档案馆藏的重要条件。如果城建档案的完整与安全得不到保证，集中统一管理城建档案也就失去了意义，城建档案其他业务工作的开展也就失去了物质基础，丰富馆藏也就无从谈起。

　　（2）城建档案保管与保护工作质量的高低，对城建档案管理水平的高低具有重大影响，甚至在一定条件下具有决定性的影响。城建档案保管得好，就为整个城建档案工作的进行提供了物质条件。反之，如果不能有效地延长其寿命，甚至损毁殆尽，那就会使整个城建档案工作丧失最起码、最基本的物质前提。如果保管马虎，杂乱无章，造成失密、泄密，都会严重影响整个城建档案工作的秩序。

三、城建档案保管与保护工作的原则和要求

　　（1）具备符合专门要求的库房和设备。这是做好城建档案保管工作最基本的物质条件。

　　（2）城建档案保管人员要具备相应的专业知识，且具有强烈的事业心

和高度的责任感。在同等条件下，人的因素往往比物质因素更重要。物质条件是基础，人的因素是关键。

（3）保管人员要经常分析和观察城建档案的安全情况以及造成城建档案损毁的因素，及时采取适当的方法和措施，不断改善保管条件，改进保管方法，有针对性地解决好城建档案保管工作中出现的各种问题。

（4）保管与保护工作一定要贯彻"以防为主，以防为先，防治结合"的原则，确保档案的完整与安全。

四、城建档案的异地安全保管

（一）异地安全保管的内容

异地安全保管，就是指对列入重点保管范围的城建档案实行多套留存或备份，分别保存在不同的相对安全的地方。

异地安全保管工作的主要内容有：制作副本、电子文件备份、异地存放。

制作副本，就是对重点保管的城建档案进行复制或数字化扫描，将其制作成副本，原件封闭式保存，副本供平时使用。

电子文件备份，就是对电子文件建立多文件夹，供平时查档利用和数据备份。

异地存放，就是将多套重要的城建档案存放在不同的地方。重要的电子档案必须在不同的载体（光盘、磁盘、硬盘、服务器等）上进行备份。

（二）异地安全保管的作用

对重要的、价值较大的城建档案实行异地安全保管的作用有以下几个方面：

（1）可以延长重要城建档案的寿命，使其能够发挥更大的作用。

（2）可以避免由于管理不当或者意外突发事件对城建档案造成无法弥补的损害，从而更好地维护城建档案的完整与安全。

（3）可以提高城建档案管理人员的防护意识，培养他们的责任感。

五、城建档案馆库房管理

（一）库房管理的一般要求

库房管理工作应有专人或设专职人员负责。

库房应采取防火、防盗、防潮、防高温、防虫、防光、防磁、防鼠、防有害气体等防护措施，应当配备如下设备：

（1）通风、去湿和空调设备。

（2）温湿度自动记录仪及相关的监控设备。

（3）烟火传感报警装置、干粉灭火器或气体灭火器。

（4）防盗报警装置、防盗门窗。

（5）除尘器。

（6）消毒机或消毒箱以及防虫防霉药剂。

城建档案馆应编制档案存放位置索引，把每个库房档案柜、档案架内档案存放的实际情况绘成平面示意图，供保管和调卷人员使用。

（二）库房内的排放与编号

库房内档案架、档案柜的排放与编号应符合下列规定：

（1）应根据档案库房的大小、形状、朝向合理排放和布置档案架、档案柜，并方便档案的存取，便于通风和自然采光。

（2）档案架、档案柜的排列应与窗户垂直，架侧、柜侧与墙壁间距应不小于 60cm，架背、柜背与墙壁之间的距离应不小于 10cm，前排与后排间距应保持在 1 ～ 1.2m。

（3）库房内的档案架、档案柜应统一编号。编号宜自门口起从左至右顺序编号，每个档案架、档案柜的栏也宜从左向右编号，每栏的格宜自上而下编号，并以标签的形式在架、柜上标出编号。

（4）城建档案装入档案柜或密集架时均应采用分类排列法或顺序排列法进行。

（5）有两个及两个以上库房的城建档案管理机构应进行库房编号，编号应采用流水号顺序编排。

（6）绝密、重要以及珍贵的档案应与其他档案分开存放；不同载体形式的档案应分库存放；底图、地形图等应采用平放方式保存，板图可装在袋内或保护夹内，竖立放置或平放在柜架上；录音录像、磁盘等磁性载体的档案应放入专门的档案柜中保管。

（7）档案的摆放可分别采用竖放、平放、卷放等方法。

六、城建档案保护工作

（一）库房温湿度控制要求

（1）库房应进行不间断的温湿度测量、记录，按规范记录温湿度情况。

（2）控制档案库房温度、湿度，可分别采取下列措施：

①当库内温度、湿度高于控制标准而库外温湿度较低时，应开窗通风，或使用通风机、风扇等进行通风。

②当库内温度、湿度符合控制标准而库外温湿度较高时，应密闭窗门。

③当库内湿度大于控制标准时，应采取通风、开启去湿机等方式减湿。

④当库内湿度小于控制标准时，应使用加湿器、地面洒水等方式增湿。

⑤当库内温度高于控制标准时，应使用空调设备降温。

⑥当库内温度低于控制标准时，应使用空调设备增温。

（3）库房温湿度调控的方法

①密闭。档案库应严密封闭，以减少库外不良气候对库内的影响。库区或库房入口处应设缓冲间或安装气幕装置。每逢梅雨、高温、潮湿季节严禁随意开启库房门窗。

②通风。档案库应根据空气流动规律，利用库外温、湿度的有利条件，合理地使库内外的空气进行自然交换，科学地进行通风。通风口应该设有一定的防护装置，以防灰尘和飞虫等进入。通风时要注意观察，防止产生结露现象。要避免有害气体进入库内。通风后应立即密闭有关设施。

③减湿。库房应采用空气冷冻去湿机或吸湿剂降低湿度。

④增湿。当库内湿度低于规定要求时，可采用蒸汽加湿或水蒸发加湿适当增加库内湿度。

⑤降温、增温。可采用空调增温或降温，也可采用暖气设备增温。

⑥通过库房温湿度测量、记录和分析，掌握库房温湿度的变化规律，在没有空调设备的情况下，可采取通风与密闭的措施达到改善库房温湿度的目的。

（4）新建档案库房竣工后不宜立即投入使用，一般要经半年以上的通风干燥后方能使用。

（二）库房防光要求及相关措施

（1）在档案的整理、保管和利用过程中应采取防光措施，减小光辐射的强度和辐照时间，以避光保存为宜，严禁将档案放在阳光下曝晒。

（2）档案库房宜使用乳白色的带防爆灯罩的白炽灯，照度一般在30～50lx为宜。阅览室照度一般在75～100lx为宜。当采用荧光灯时，应有过滤紫外线和安全防火措施。

（3）库房的窗洞面积应符合现行行业标准《档案馆建筑设计规范》（JGJ 25—2010）的要求，窗户应采取不透光的窗帘、遮阳板、防紫外线玻璃等遮阳措施。

（4）不宜在强光下长时间利用档案，珍贵档案原件复印次数不宜过多。

（三）库房防尘、防空气污染要求及相关措施

（1）新建库房选址时，应远离锅炉房、厨房、有污染的车间等场所，并应提高档案库房周围的绿化覆盖率。档案库房所处地区及周围环境空气的质量要不低于二级质量标准。

（2）档案库房门窗应加装密封条，库房进风口应设置净化空气装置和阻隔性质的微粒过滤器，净化和过滤库房空气。

（3）库房维护结构的内层应选用质地坚硬耐磨的材料，或采用高分子涂料喷刷库房地面和墙面。

（4）档案入库前要进行除尘和消毒处理。工作人员入库时要更换工作服。

（5）应制定卫生清洁制度。清洁库房卫生应使用吸尘器，先吸门窗、地板，后吸柜架。

（四）库房防虫、防霉和防鼠害要求及相关措施

（1）档案入库前应进行灭菌消毒，防止带菌的档案入库污染其他档案。库房内严禁堆放杂物，严禁把食物带入库房内。新库房和新柜架启用前，应先使用药物进行密闭消毒。

（2）加强库房温、湿度的控制和调节。库房温度、湿度应控制在《档案库房温湿度控制标准》规定的范围内。

（3）库房和办公用房应分设，避免人为因素使档案感染，滋生虫害。

（4）库房应使用防霉剂等药剂防霉。

（5）库房应经常放置并定期更换防虫药物，防止害虫的发生。

（6）库房门窗应严密，并安装纱门、纱窗。

（7）应做好库房虫情、鼠情观察记录工作，并采取适当的消杀措施。

特别是在害虫高发季节，应根据害虫活动规律翻检档案架的角落、缝隙处及案卷的角落及装订处有无微生物滋生及害虫活动的痕迹，记录虫种、虫态及危害情况，以便采取适当的措施。

（五）库房防火、防盗要求及相关措施

（1）应加强防火意识教育，使每一位工作人员熟练掌握防火、灭火的相关知识和技术。

（2）应制定防火、防盗制度，配备足够有效的灭火装置，安装防盗门和防盗栏，安装自动防火防盗报警监控系统。

（3）库房内外严禁堆放易燃易爆等危险物品与杂物，库房、整理室、阅档室以及相关的工作用房严禁吸烟，严禁无关人员进入库房。

（4）应定期检查库内电器和电线老化程度，防止电器、电线老化引起火灾。严禁超负荷使用电器设备。

（5）城建档案管理机构应对地震、水灾、火灾、偷盗、破坏等突发事件制定应急预案。应急预案应包括领导小组及其职责、应急队伍及任务、应变程序启动及组织、抢救档案的先后顺序、搬运路径、安全护运、转移存放地点、转移后在非常态情况下的管理及保护等内容。

第八章 城建声像档案

第一节 城建照片档案

一、照片的产生及种类

照片是摄影形成的作品。传统的照片是被摄景物的形态光影通过照相机透镜，投射在涂有感光乳剂的片基上曝光，构成潜影，经过显影、定影等化学处理，使被摄物体的影形以静止的二维空间画面的形式如实地还原在特定载体上，以实现人们对视觉信息的瞬间捕获和持久留存。

照相术是人类社会活动和科学技术发展的产物。人们在社会实践活动中，希望不仅用文字来记录历史，同时能够把事物的形象也留存下来，在古代，人们只能采用绘画的方式，但再高明的画家，也难以把物体的原貌丝毫不差地记录下来。当前，摄影术已广泛应用于现代社会生活的各个领域，并成为人类社会活动不可缺少的重要组成部分。伴随着电子技术和计算机技术的发展，集光学、电学、机械技术于一体的不用胶片的数码相机问世后，更是得到社会的普遍青睐。由于数码相机拍摄后可以直接生成数码照片，不需要经过专门的暗房处理，就可以轻而易举地把数据传输给计算机，直接在显示屏上观看或进行图像处理，利用网络还可以实现即时的远程传送，输出、储存、拷贝都十分简单，照片的形成极为便利，因此具有很大的发展潜力。

二、城建照片档案的构成及特点

随着社会的不断发展和现代科技的日益进步，人们对城市建设活动的记录已从单一的文字发展为照片、录像、录音等多种载体形式。城建照片档案是城市规划、建设、管理以及城市建设科学研究等活动中形成的具有保存价值的历史记录，是城建档案的重要组成部分。城建照片不仅使城建档案的内容得到充实和延伸，而且为我们进一步搞好城市的规划建设提供了最直观的珍贵材料。

城建照片档案主要由原底片、照片以及揭示照片内容的文字说明三部分构成。

城建照片档案具有以下特点：

（一）客观真实

摄影具有真实的纪实功能，它以客观真实的记录为特征，如实反映历史发展的不同场景。照片对于照片的形成者以及它所记录和描述的对象具有一定的客观性，在反映客观过程方面具有真实可信的特点。照片的价值首先取决于照片的客观性，没有客观性也就没有真实性可言。城建照片档案所反映的是城市建设的客观事实，是对城建活动中真人真事和具体事物的真实写照。由于照片对内容的表现完全依赖于客观实体，而不加人为的想象成分，因此，照片一经形成，就摆脱人们的主观意志和控制，具有其独立、鲜明的真实性。

（二）直观形象

照片档案与一般的文字档案的最大区别在于它是通过二维的静态形象来记录和反映客观事物，使利用者直接从事物的形象上获得感受，因此有助于对信息的理解和接受。有些事件用文字描述也许连篇累牍也很难讲清楚，而且受文化和理解能力的影响，可能产生信息记载上的偏差。然而，通过一张照片便可一目了然地说明一切问题。所以，照片档案的这种直观形象性是一般文字档案所不具备的。

（三）表达生动

照片尽管是对人、事、物及场景的瞬间记录，但是，照片的形成往往是通过对现场的敏锐观察，有选择性地把握时机，在最能表达主题、最生动和最具典型性、代表性的瞬间按动快门，定格画面。因此，照片的这种瞬间记录的景象不仅能把人和物的表情状态体现出来，而且还能将现场的环境氛围如实反映出来，给人最直接、亲切、活灵活现的生动感受，照片档案的生动性也是文字档案无法比拟的。

（四）信息丰富

由于当今照相镜头的分辨率都比较高，任何被摄物体只要在其正常的焦距范围之内，都可以在照片上留下十分清晰的影像，哪怕是微小的细节，都能纤毫毕露，让我们一览无遗。所以，照片档案所承载的信息是具体、细致而丰富的。

（五）形式多样

照片的形成没有统一的规范，即便对同一题材内容的处理，也会因形成者思想意识、审美情趣、业务技能、器材装备、环境条件、目的用途等情况的不同，而采取不同的表现手法，形成各种各样的照片。有一事一张的，有一事多张的；有单角度的，有多角度的；有大场面的，也有局部特写的；有黑白的，有彩色的；有胶片的，有数码的。这就决定了照片档案形式的多样性。

（六）交流广泛

照片档案具有客观真实、形象直观的特点，使得它在一定场合比文字档案更具有说服力。同一张照片，往往能够从不同的角度、在不同场合得以反复利用。尤其是近年来随着社会经济、文化的发展，对照片档案信息的需求量也越来越大。所以，照片档案这种广泛交流的特点，使它具有比一般档案更大的通用价值。

（七）传播方便

照片档案可以利用当今高度发达的网络技术，进行不受时空限制的传送，大大便利了利用者对照片档案的需求。同时，还可以通过互联网向外界传播当地的历史文化、地理环境、旅游资源、城市风貌等，起到扩大城市影响的宣传作用。

（八）形成便捷

照相的普及为照片档案的形成提供了更大的便利。过去由于受到多种条件的限制，照相机几乎是生活中的奢侈品。因此，照片档案的形成有一定的局限性。如今，社会经济的发展和生活水平的提高，使照相变得越来越普通、简单。尤其是近年来数码相机的普及，相机自动化程度的不断提高，使照相操作更加便捷化、大众化，从而也为照片档案的形成和积累提供了更多的可能和便利。

三、城建存档照片的拍摄

城建题材的照片内容面广量大，而摄制照片的手法也多种多样，但是，作为城建档案保存的照片，应该以写实的手法如实表现客体，以忠于事实为前提，而不能凭自己的主观想象和喜好，任意创造发挥或加工处理。因此，要制作高质量的存档照片，拍摄是关键。

（一）城建存档照片的拍摄应该遵循的原则

（1）主题鲜明，重点突出，情节完整，有始有末。

（2）曝光准确，反差适中，影像清晰，层次丰富。

（3）常规透视，控制变形，构图严谨，取舍合理。

（4）尊重客体，不加修饰，自然摄取，还原真实。

（5）技艺结合，表现得体，不求量多，讲究质好。

由于摄影是一门专业性、技术性较强的工作，为了提高城建存档照片的摄制质量，除了有赖于声像档案工作者对摄影器材的熟悉和了解外，还需要参看一些相关的摄影书籍，帮助自己进一步掌握和提高摄影方面的技能。

（二）城建照片档案数码文件的技术指标要求

（1）数码照片档案的图片格式一般采用 JPEG、TIFF 格式。对图片质量要求较高的应该尽量使用 RAW 原始图像存储格式。JPEG 格式的文件大小一般应大于 1M，TIFF 或 RAW 格式的文件大小应大于 10M。

（2）为了保证照片档案的成像质量，数码照片的像素指标不能太低，一般应当使用 500 万像素以上的数码照相机的最高解像度进行拍摄。

（3）照片扫描分辨率的设置，应根据照片的尺寸大小、画面质量、重要程度以及数字化目的等实际情况合理选择。因为，扫描分辨率的设置不仅与原稿和输出要求有关，而且直接影响其输出效果。扫描分辨率设置过低，输出的图片精度就不理想；设置过高不但没有实际价值，而且浪费扫描处理时间，并且产生的文件过大，会占用更多的磁盘存储空间。因此，分辨率应根据照片的原图尺寸、最终输出方式以及输出幅面综合考虑来决定。由于照片的数字化要考虑到其通用性的要求，因此，对于扫描常规的 3×5 寸照片来说，一般至少采用 300 ~ 500dpi 进行扫描。对于照片输出幅面较大，图片比较珍贵重要，或者需要制成印刷品的，应该设置更高的分辨率进行扫描。

（4）归档的数码照片应是原始版，不能进行技术修改。

（5）数码照片的像素直接决定了照片幅面的大小。因此，为了获取高质量的存档照片，必须要有足够的像素才能制作成相应尺寸的照片。

四、城建照片档案的管理

科学管理好城建照片档案，是城建档案馆（室）档案管理工作的主要任务之一。城建照片档案的管理不仅要遵循一般档案管理的基本原则和方法，同时，还要结合照片档案自身的特点和规律进行科学管理。

（一）城建照片档案的收集

城建照片档案的来源比较广泛，主要为规划设计部门、建设单位、施工单位、质量监督和安检部门、新闻媒体、城建档案馆（室）以及摄影爱好者等。随着时代的发展，摄影技术的应用越来越广泛，照片档案形成的渠道也在不断增多，档案的数量也越来越多。做好城建照片档案的收集，是管理好城建照片档案的前提。

1. 城建照片档案的归档

照片档案是以形象记录为主、文字说明为辅的特殊载体档案。根据《照片档案管理规范》（GB/T 11821—2002）并结合城建专业角度和照片的功能特点考虑，城建照片档案的归档范围大致如下：

（1）从城乡建设总体角度，反映城乡自然空间特征、地理概貌、自然风光及建成区面貌等场景的照片。

（2）反映城乡布局特征的特色景貌、人居环境等照片。

（3）反映具有地方特色和历史文化价值、建筑艺术价值的街区、建（构）筑物及名人故居等照片。

（4）城市的标志性建筑及较大规模的公共建筑、市政公用设施等重点工程照片。

（5）不同历史年代的建筑特征和局部细节照片。

（6）有关城乡规划、建设、管理的重大活动、重要过程、重要成果、重要人物的照片。

（7）有关城乡发生的重大事件、重大事故、重大自然灾害及其他异常情况和现象的照片。

（8）有关城乡建设、保护、改造等历史演变过程的照片。

（9）有关建设工程重要施工环节、过程、重要部位情况及新技术、新工艺、新材料应用成果的照片。

（10）其他具有保存价值的能反映城市历史原貌以及相关情况的照片。

归档传统的胶片照片要系统、完整。每个主题的照片档案都必须包括原底片、照片和文字说明材料。归档的数码照片原则上应为原件，经过修改的数码照片不能归档。数码照片档案一般包括原始影像文件、纸质照片和文字说明材料。

2. 城建照片档案的接收

城建照片档案的接收，一般是指城建档案馆在接收档案移交单位移交的城建档案时，同时包含的与其所移交档案内容相关的声像档案材料。凡是在城建活动中形成的具有保存价值的照片等特殊载体档案，均应该等同于传统载体档案接收进馆。不应轻视、忽略照片档案的移交和接收。按照国家规定，档案室接收各业务部门归档的照片；档案馆接收档案室向档案馆移交的具有永久或长期保存价值的照片档案。

接收照片档案应该符合有关标准的要求。首先要注意照片内容的真实性和一致性，切忌弄虚作假。数码照片应该保持"原始影像"文件，不宜用Photoshop等软件进行加工处理，以免影响原作的真实性。其次，要注意照片的技术指标、信息含量和载体情况，仔细检查照（底）片状况，对有问题或存在疑点的照片不能随便接收保存，应该妥善处理。对极其珍贵的照（底）片，尽管存在一定缺陷，也要接收保存，不得随意处理。再次，接收照片档案必须将照片、原底片（数码原始影像文件）、文字说明同时接收，并完全对应一致。接收照片档案时，往往会把注意力放在照（底）片上，而忽略文字说明材料。如果照片没有文字说明，不仅会降低照片的使用价值，而且会影响到对照片的利用。文字说明材料应当包括照片题名、事由、时间、地点、人物、背景以及摄影者等。综合运用以上要素，概括揭示照片影像所反映的全部信息。一组（若干张）联系密切的照片按顺序排列后，可拟写组照总说明。采用组照说明的照片，其单张照片的说明可以从简。在检查照片档案时，还应检查文字说明的撰写情况，如文句是否简练、是否准确揭示了每张照片的内容等。标题和文字说明必须准确无误，不宜过长，总说明一般不超过300字，单张照片的说明一般控制在100字以内。

3. 城建照片档案的征集

由于城建照片的来源比较广泛，移交接收只能收集到部分照片，还有大量城建照片分散在社会其他部门或个人手中。因此，城建档案部门应该建立健全相关制度，采取积极有效的措施，主动向新闻单位、博物馆、图书馆、展览馆等有关方面征集。要与这些单位广泛交流，互通情况，让其了解征集城建照片档案的重要意义，将具有保存价值的城建历史照片征集进馆。其次，还要向社会团体、广大摄影爱好者征集。摄影的普及会形成更多的照片，其中有相当一部分优秀的城建照片确实富有收藏价值，但是，这些照片往往分散在大部分摄影爱好者手中，因此，城建档案馆在保护好其作品版权的前提下，向关注城市建设、热衷于把镜头对准城市发展变迁的摄影爱好者征集城建照片，会取得事半功倍的效果。

4.城建照片档案的收购

随着近年来流行的老照片收藏热，社会上也出现了一些比较罕见的城市老照片，有的颇具历史收藏价值。档案管理部门应该关注这方面的信息，对确实值得收藏的珍贵照片，应该及时收购进馆。由于老照片本身较为稀少，市场价格也不菲，因此，造假之风也随之而来，有的将好的印刷品或原照片和旧照底片进行翻拍后做旧，用彩色胶卷翻拍老照片原作经洗印后做旧等，伪造手法多样。因此，对这些老照片一定要仔细鉴定，谨防伪品。

5.城建档案馆自主组织拍摄及翻拍补充

城建档案馆可以利用自身的专业技术优势，主动参与城建活动，了解城建动态，掌握城建信息，有计划、有目的地跟踪拍摄、收集比较重要的城建活动照片，这也是丰富馆藏的重要途径。对于重要活动或较大场面的活动，在自身力量无法完成的情况下，还可以调动社会力量，组织专门摄影人员一同参与拍摄。城建档案馆应该明确提出要求，合理分工，多点分布、多角度、多机位拍摄，这样有利于防止重要照片的漏拍、错拍，以便收集到更多更好的城建照片档案。城建档案馆还可以从画报、画册、书籍、报刊甚至网络，翻拍或下载一些有价值的城建照片，虽然不是原始照片档案，但在近乎没有或难以得到原始照片的情况下，这些照片由于具有形象记录城市发展历程的档案价值，因此可以丰富馆藏照片档案门类，弥补历史照片的不足。

（二）城建照片档案的整理

城建照片档案的整理可以按照《照片档案管理规范》（GB/T 11821—2002）等相关要求，并遵循有利于保持照片档案的有机联系、有利于保管、有利于提供利用的原则，按照一定的方法，把收集来的零散的照片进行科学的分类、编目。

1. 胶片照片档案的分类与编目

分类是整理工作的重要环节。对于传统的胶片照片档案的分类，可以分为胶片与照片两大部分，并分开存放。

（1）底片的分类

按底片的尺寸并结合底片产生的年代分类，是比较常用的分类方式。例如，120 类、135 类。并在每一大类内再根据照片产生的时间分类。按尺寸分类，对保管底片比较方便，可以制作统一的装具存放。因此，在底片规格多、数量多的情况下比较适用。

按底片的种类进行分类的方法有：把原底片、翻拍底片、反转片分开；把黑白底片与彩色底片分开等。这对保护原底片和复制、使用都比较方便。

城建照片档案是在城市建设活动中产生的，其反映的内容与其他载体的城建档案大致相同，因此，也可以参照城建档案分类大纲进行分类。总的来说，分类方法的选择应该结合具体情况决定。但无论采用哪种方法，都要考虑对底片的保护和利用，所以，一般来说，底片分类不宜太多、太细。

（2）底片的编目

分类后的底片应按类把每类底片编号登入目录簿中。一张底片或一组密不可分的底片为一个保管单位，编一个底片号。如果是一组底片，在底片的顺序号后面还要加一个分号。例如 J201—1、J201—2，其中 J 为大类号，代表"风景名胜、园林绿化"类；201 表示这一类照片底片的顺序号，二者组合在一起即为 J201 表示底片号；—1、—2 为分号。

登记底片的目录应设有底片号、简要内容、拍摄时间、拍摄地点、拍摄者、底片数量、技术状况、底片来源、收到日期、备注等栏目。其中，底片号是诸多项目中最重要的一项。它编写在乳剂面的片边处，不得影响画面。底片号的登记顺序应与照片号的登记顺序保持一致。底片要放入专门的底片袋内保管，并在底片袋右上角标明底片号。对翻拍底片，应在底片袋的左上方标明 "F" 字样。对拷贝底片，应该在底片袋的左上方标明 "K" 字样，以方便对不同性质底片的区别与识别。

（3）照片的分类与登记

照片的分类应该根据照片档案的实际数量，按年度—内容或专题进行分类。分类后的照片应该分别装入专门的相册。在分类过程中，有的照片可以从不同角度分类，为了便于今后查找利用，应该在有关类别中加入参见指引信息。相册应该按分类方案排放，相册内的照片按时间顺序排列并和目录的条目保持一致。照片应该用固定方式粘贴在相册的卡片纸上。每张照片都必须附上包括照片内容（标题）、拍摄时间、地点、作者等在内的简要文字说明，并注明参见号和其所对应的底片号。如果采用照片、底片合一编号法，可以不填写底片号。

2. 数码照片档案的整理

随着计算机技术与数码相机的发展和普及，近年来，数码照片几乎替代了传统的胶片照片，并成为各单位照片档案的主角。由于数码照片不存在底片，因此，在整理方法上也有所不同。

（1）数码照片档案的分类一般按其形成年度分类。形成数码照片数量比较多的单位也可以按年度—专题进行分类。

（2）数码照片号为年度＋流水号。数码照片号就是在文件夹内的每一自然张照片，按其排列顺序形成的编号。年度和流水号可以各用4位阿拉伯数字表示，不足四位的在前补"0"。例如"20020001"，前面4位表示年度，后面4位表示流水号。

（3）数码照片文件按时间先后排序，一组联系密切的数码照片应该排列在一起。

（4）数码照片文件应同时洗印成5～7英寸的纸质照片后，分类装册入集。并在文字说明栏中标注其原始文件的所在位置。

（5）原始影像文件应按年度或专题刻录成光盘。光盘中应包含文件夹目录、文件夹内照片目录以及光盘说明文件。说明文件应包括照片内容、数量、来源、摄影者、版权权限、保存等级、责任人等内容。

3. 照片档案的著录

照片档案的著录项目包括照（底）片号、题名、时间、作者、备注、参见号、册号、页号、组内张数、分类号、项目号、主题词或关键词、密级、保管期限、类型规格、档案馆代号、文字说明等。

城建照片档案的著录是以若干张（一组）照片为单位著录档案目录的条目。以一组照片为单位著录时，题名应简明概括、准确反映一组照片的基本内容。并且照片号、底片号、页号均应著录起止号；时间应著录起止时间；参见号、摄影者可以著录多个。

（三）城建照片档案的保管

1.底片的保护

底片是照片档案的重要组成部分，是照片档案的母本，没有高质量的底片就印不出高质量的照片。由于底片上的感光层是由化学成分组成的，感光层的药膜比较娇嫩，稳定性差，易受外部条件影响而发生变化，如发霉、泛黄、污染、磨损、划伤、色彩褪变、溶化等，因此，底片的保管条件相对比较苛刻。只有将母本底片保存好，才可能复制出清晰的照片供后人利用。所以，保管好底片对做好照片档案工作十分重要。

底片库房应该建立严格的规章制度，工作人员必须有高度的责任感，耐心细致地做好各项管理工作。底片的特征使得对库房温湿度的要求相对比较高，因此，在条件允许的情况下，要尽可能给底片库房提供一个符合规定要求的温湿度环境，这对底片的保护和使用寿命的延长都至关重要。

底片入库前应仔细检查。对有问题的底片应进行必要的技术处理后方能入库。底片入库后要定期抽样检查。若发现问题，应查明原因，及时采取补救措施。底片极易污损划伤，拿取底片要戴上洁净的棉质薄手套，手指只能轻捏底片的两侧边缘，不要接触到有影像的部位。为防止底片相互粘连，底片与底片、底片与照片不能相互重叠，应单独装袋，垂立存放。底片的存放环境要有良好的遮光防尘措施。底片应放在可以关闭的装具中保存，避免与可能产生挥发性有害气体的东西存放在一起。

另外，还可以采用底片扫描的方式，将底片的影像信息转换成数码影像文件，既有利于对底片的保护，又方便了管理和利用。尤其是底片经扫描后，在一定程度上也降低了原底片的保存风险，可以避免因不可抗拒的自然褪变使原底片的质量每况愈下，最终影响利用效果。因此，通过底片扫描对老底片进行抢救性保护也是一种简便易行的做法，而且也是胶片数字化的必经之路。档案管理部门可以根据馆藏底片的实际情况制订计划，逐步对馆藏底片进行扫描。

底片扫描的方法大致有扩印机扫描、电分扫描和扫描仪扫描三种。扩印机扫描主要是利用数码彩扩店的数码扩印机对底片进行扫描。由于彩扩机扫描仪的光学分辨率不够高，其扫描出的图像文件不能满足摄影作品的放大或用于高品质的印刷，因此只能满足一般的要求。电分扫描主要用于印刷行业，它是采用光电倍增管技术实现光电信号的转换。所谓"电分"就是将图像颜色分解成 C、M、Y、K 四色（青色、品红色、黄色和黑色）。由于电分扫描是逐点扫描，因此对图像无论是高光还是暗调部位的细节都具有较好的响应，扫描精度很高。但是电分扫描设备体积较大，价格昂贵，只有印刷厂及少数专业机构才有，而且，底片需要浸油才能进行滚筒扫描，也不利于底片的保存。扫描仪扫描比较常见，扫描仪一般有两种，一种为纯粹的底片扫描仪，一种为既可扫描底片，又可扫描照片的平板透射式扫描仪，这种扫描仪是采用光电耦合器技术（CCD）实现光电信号的转换。底片扫描仪的动态范围优于平板透射式扫描仪，但是能扫描大尺寸底片的机器价格昂贵。随着矩阵 CCD 及双镜头扫描技术的出现，目前，平板透射式扫描仪已经具备极高的光学分辨率和更大的光学密度值，其最大优点是底片、照片都可以扫描，性价比高，使用很方便。

2. 胶片照片档案的保存

胶片照片档案的保管与底片的保管大致相同。虽然照片没有底片那么娇贵，但是也必须按照相关的要求精心管理。一般来说，在相同的环境条件下，照片的保存寿命要比底片的保存寿命长，所以，对一些珍贵照片，尤其是没有底片的老照片，应该为其提供良好的环境，最大限度地延长其寿命。在利用时，可以提供翻拍片或扫描件，尽量避免直接使用照片原件。实践证明，只要原照片的尺寸不是太小，而且保存完好，无论是黑白照片还是彩色照片，经翻拍或扫描后，一般都能在技术上满足各种使用的需要。因此，对于珍贵重要的照片，应该采用较好的材料和制作工艺，精心放制成较大尺寸的照片，再经翻拍或扫描后，采用双套制异地存放，这样不但能保证照片的质量，同时也有利于珍贵照片的长期安全保存。

3. 数码照片档案的储存与保管

储存数码照片档案应该采用只读式光盘为存储载体。软磁盘不宜作为长期存储数码照片的载体。为保证光盘刻录的质量，并确保光盘及数码照片信息能长期保存下去，应该选用品牌较好的刻录光盘，如柯达、惠普、明基等，并使用带有"校验"功能的刻录软件进行光盘刻录，这些软件能自动检查光盘上的资料是否正确。光盘应该保持清洁，触摸光盘时应戴上洁净的棉质手套，不要用裸手触及光盘的反射面。存有数码照片档案的光盘应放在坚硬的专用塑料盒内竖立存放，不能挤压、弯折或堆叠存放。如果光盘有污渍，应及时用清水和中性清洁剂清洗。清洗时用照相机擦镜纸从中心向边缘轻轻擦拭，不能沿圆形轨边擦拭。光盘存放地点要远离强磁场并防止有害气体与紫外线，以防霉菌的滋生，温湿度应分别控制在14～24℃和45%～60%之间。

目前，对数字信息资源长期保存的方法是多重备份和适时迁移。适时迁移是根据软件、硬件的发展将数字资源迁移到不同的软件或硬件环境下，以保证数字资源能在发展的环境中被识别、使用和检索。根据迁移条件的不同，迁移可以分为硬件迁移、软件迁移、载体迁移、格式迁移、版本迁移等。在数码照片档案管理中应根据不同情况采取不同的措施，确保数码照片档案保存的安全。存有数码照片档案的光盘应定期进行抽样机读检验，发现问题应及时采取措施。在正常情况下，存有数码照片档案的光盘一般每隔5年转存一次，原盘同时保留时间也不少于5年，从而确保数码照片档案信息的长期安全保存。

（四）城建照片档案的鉴定

城建照片档案鉴定工作是一项十分重要而复杂的工作。它决定着照片的"留"与"去"、"存"与"毁"，因此，必须慎重对待，不得轻易处理。城建照片档案是城建档案的重要组成部分，属于专门档案中的特殊载体档案。做好城建照片档案的鉴定工作，是为了更好地保存对国家和社会具有历史价值的文化财富。照片档案的鉴定通常有传统式鉴定和计算机鉴定两种。

1. 传统式鉴定

（1）直接鉴定法

直接鉴定法是指鉴定人员通过直接对被鉴定的照片档案进行具体的审视、分析和判断。其要点是对照片档案的实体内容和外部特征等进行直接、仔细地评判。这是最常用、最基本的鉴定方法，具有广泛的实用性。

对照片档案进行直接鉴定，一看内容，即是否具有保存价值。二看载体，即材质是否完好。对于照片或底片的载体，要看片子是否有划伤，是否有明显的指纹和污渍。同时，还要看照片的一些技术指标，如清晰度、色彩等方面的情况。当然，照片的内容还是最主要的。如照片的真实性、历史性、研究性、参考性等方面是否具有收藏保存的意义。所以，鉴定人员应该了解和掌握作者的表达意图、拍摄目的，并用全面的观点、历史的观点、发展的观点对具体事物进行具体分析，在充分认识照片内容的基础上，判断、评估照片的价值所在。由于档案的价值不在于它的载体，而在于这个载体所承载的内容。因此，对于比较珍贵、稀有的城建照片，即使无法满足载体要求，也应该积极收藏并加以妥善保管。另外，有些照片档案虽然一直未曾被利用，但是不能因此就说它没有保存价值而将其剔除。无论怎样，凡是已经归档保存的照片和原底片，一般不得随意抽出，任何个人都没有权力剔除或销毁任何一张作为档案保存的城建照片。

（2）比较鉴定法

比较鉴定法也是照片鉴定中常用的一种鉴定方法。其特点是具有较强的直观性和抉择性。尤其对内容相同、外形相似、特征差异不明显，又没有很明确或操作性很强的鉴定标准可以对照时，用此法直接进行比照，不失为一种简便有效的方法。在城建照片归档中，经常会遇到同一题材、同一画面的照片多张重复的问题，有的几乎完全相同。这就需要我们对其进行认真比对，把内容最具代表性、画面质量最好以及光线运用、角度选择、色彩掌握最佳的照片保留下来。

随着社会的发展，照片档案的数量也越来越多，所以，我们要正确认识和妥善处理数量和价值的关系，剔除一些内容重复、摄影水平不高、影像质量不好的没有实际保存价值的照片。但是，照片档案的数量只是考虑的因素之一，确定照片档案去留的根据主要还是看照片档案本身的内容价值。

2. 计算机鉴定

计算机鉴定主要是专门针对数码照片和照片扫描件等，它是通过计算机或借助一定的软件对数码影像文件进行鉴定的方法。

随着数码照相机的广泛应用和计算机技术的快速发展，数码照片档案数量也越来越多。但是，数码影像文件的易修改性也使得在传统暗房中难以获得的特殊影像效果变得易如反掌，特别是画面影像做过造假处理的照片档案将严重影响档案的信息价值，因此，档案管理部门对归档数码照片影像真伪的鉴定工作就显得尤为重要。从目前的情况来看，主要是通过查看归档数码照片的 Exif（可交换影像格式）"元数据"，对比其中的相机拍摄时间和图像原始时间是否完全相同，来初步判定原影像是否做过编辑处理。

数码照片的 Exif"元数据"是一种影像文件格式。Exif 信息包含了非常详细的拍摄参数，包括摄影时的光圈、快门速度、ISO 值、日期等技术参数，以及相机品牌型号、色彩编码、全球定位系统（GPS）等信息。现在的数码相机基本都支持 Exif 信息功能，一般通过软件即可在电脑上读取数码照片的 Exif 信息。读取 Exif 信息的软件大致分为三类：一是数码相机生产厂商随机附赠的 Exif 信息查看软件。二是具有查看 Exif 信息功能的通用影像浏览软件。三是其他专门查阅或修改 Exif 信息的软件。通过原拍摄相机自带的软件来查看一般比较完整、全面。如果数码照片影像被做过后期编辑处理，一般都有记录，包括修改时使用的软件名称及版本、具体修改日期和时间等。比如用 ACDSee6.0 查看一张原始数码照片的 Exif"元数据"时，在"相机"一栏下面会显示相机制作厂家、型号以及拍摄日期、时间三项具体内容，其中"型号"下面"软件"一行具体显示的是该相机的版本；在"图像"一栏下面显示着图像形成的原始日期、时间和数字化日期、时间等多项内容。如果用 ACDSee6.0 查看一张做过修改的数码照片的 Exif"元数据"，在"相机"一栏下面的日期、时间会晚于"图像"一栏下面的原始日期、时间和数字化日期、时间，并且"相机"栏"型号"下面的"软件"一行显示着修改该数码照片时使用的软件名称及版本。因此，通过查看这些数码照片的 Exif"元数据"信息，可以初步判定数码照片档案是否做过影像后期处理。

3. 成立专门的鉴定组织

无论城建档案馆还是档案室，都担负着各种档案的鉴定任务，为了更好地做好档案鉴定工作，尤其是对声像之类的特殊载体档案，应该成立由有关部门和专家共同组成的鉴定工作委员会。对鉴定出的准备销毁的城建照片档案，应该编制清单，附上小样，报有关领导审批。

五、城建照片档案的利用

照片档案形象生动、真实直观等特点决定了它在利用功能上具有一些特殊作用。

（一）城建照片档案的利用用途

1. 为编史修志和城市研究提供最直接的形象材料

城建照片档案客观真实地记录了城市发展变迁的足迹，见证了城市不同时期的风貌特征，给人们留下了难以忘怀的生动场景。因此，它能为人们研究城市的发展历史提供最直接的凭证。在城市编史修志和历史研究中，珍贵的城建照片档案具有很高的史料价值，它不仅是文字的补充材料，更是一种重要的佐证材料。

2. 为继承城市的传统特色和提高城市建设水平提供参考材料

城市是人类文明进步的结晶，在历史发展中逐步形成具有个性的传统风格。保持传统特色，追求城市品位，是提高城市建设水平、改善人居环境的重要标志。人们在继承城市的传统特色时，城建照片档案往往能提供许多可以借鉴的重要信息。例如，对一些历史古建筑的恢复和修缮，很多是依据照片档案来进行的。

3. 编制画册、举办展览，为城市宣传服务

城建档案馆根据社会的实际需要，将收藏的城建照片及时编辑出版综合性、专题性画册，形象地集中展示城乡建设的发展变化，是一项富有现实意义的编研工作。同时，也使城建档案部门的服务方式由被动变为主动，积极、有效、有计划、有目的地为社会提供服务。精美的画册不仅可看性强，宣传效果好，而且还具有很高的史料价值。照片印制成画册后，由于影像的载体转移，使得照片原来影像信息能更持久地留存下去。因此，既有现实意义，又有长远意义。另外，还可以利用照片档案举办城市建设成就展览，通过新旧照片的鲜明对比，反映城市建设发展的变化历程，让城建照片档案的价值在城市宣传中得到更好的体现。

（二）利用数码照片档案应注意的问题

利用数码照片档案时，不得将数码影像文件的封存载体外借。只能将选定的照片以拷贝或网上传输的形式提供给利用者，并进行备案登记。利用者不得超出权限规定范围，不得私自复制、修改或转送他人。利用具有保密要求的城建照片档案时，应当遵守国家或有关部门的保密规定。在城建照片档案的接收、征集和利用过程中，城建档案管理机构还必须重视照片档案涉及到的相关著作权归属等问题，以免在照片的使用中产生侵犯作者著作权的行为。为了避免因上述问题而引起的法律纠纷，相关部门或个人应该增强法律意识，以签订合同的形式来明确双方的权利和义务，并认真履行合同约定。

第二节　城建录像档案

一、城建录像档案的产生及种类

录像档案是随着现代视听技术的发展而逐步产生、发展起来的一种新的档案种类。它是根据音频视频记录原理将图像、声音信号同步记录、存储在特定载体上的一种新型档案。这种档案具有既闻其声，又观其形，不但声像同步、视听结合、动态连贯、影像逼真，而且具有信息量丰富、不易篡改等特点，已彻底改变了传统档案的单一性和静态性。同时，也赋予了城建档案工作新的内涵和发展空间。

从1956年世界上第一台磁带录像机研制成功以来，录像技术的发展主要经历了横向扫描开盘式磁带录像技术、螺旋扫描盒式录像技术和数字录像技术三个阶段。由此，也形成了多种类型的录像材料。我国城建档案部门的城建录像档案工作大多始于20世纪80年代，经过40多年的发展，城建录像档案的种类也在不断增多，可以从不同角度进行划分。

（一）从城建录像档案的内容来划分

（1）记录城市规划、建设和管理的重大活动和事件的录像档案。

（2）记录重要人物在本地区各种城市建设工作中的重大活动的录像档案。

（3）记录城际、省际、国际间城市建设的各种交流活动的录像档案。

（4）记录具有历史意义的建筑物、构筑物、名胜古迹保护和修复的录像档案。

（5）记录城市地理风貌特征，城乡建设面貌、市容景观，城市变迁及社会风情的录像档案。

（6）记录自然灾害、城乡突发事件、抢险救灾的录像档案。

（7）记录重大工程建设活动的录像档案。

（8）记录工程建设中反映工程原址、原貌及周边状况的录像档案。

（9）记录基础工程施工过程中工程测量、放线、打桩、基槽开挖、桩基处理等关键工序的录像档案。

（10）记录主体工程施工过程中施工现场整体情况，钢筋、模板、混凝土工程施工，隐蔽工程施工，内外装修装饰的录像档案。

（11）反映工程采用的各种新技术、新材料、新工艺的录像档案。

（12）记录工程重大事故第一现场、事故指挥和处理措施、处理结果等情况的录像档案。

（13）记录工程验收情况、竣工典礼的录像档案。

（14）记录反映竣工后的工程面貌的录像档案。

（二）从录像档案的信号记录方式来划分

录像档案按其信号记录方式可分为模拟方式和数字方式两大类，而在这两大类中还可以细分为复合方式和分量方式两类。因此，一共可以分出复合模拟方式、分量模拟方式、复合数字方式和分量数字方式等四种。其中复合模拟方式又分为色度直接记录方式和色度降频记录方式。而在相同的记录方式下，还可以按录像机不同的记录格式再进行分类。如在色度直接调频记录方式下，可分为 C 格式、B 格式；在色度降频记录方式下，可分为 U-Matic、Batacam、VHS、8mm 等格式。

（三）从录像档案的录像、放像质量来划分

1. 广播级

主要用于广播电视系统。采用广播级设备拍摄的录像，信噪比最高，录、放的图像质量最好。但其设备复杂，价格昂贵。

2. 专业级

专业级也称准广播级或业务级，比广播级低一个级别。专业级一般应用在广播电视以外的某些专业领域，如档案、电教等部门。图像质量略低于广播级。但是，目前高档专业级设备录制的图像质量已超越旧型号的广播级。

3. 家庭级

主要适合应用在图像质量要求不高的非业务场合，比如家庭娱乐等，属于大众消费的普及型级别，以 VHS 即大 1/2 和 8mm 为代表，其图像质量比较一般。但随着录像技术的不断成熟和数字技术的发展，目前，家用级机器录制的图像质量已经有了很大的提高，甚至已接近专业级的质量效果。

（四）从录像档案的载体规格来划分

1. 2 英寸磁带

2 英寸磁带即 50.8mm 磁带，是最早的开盘式录像磁带，由美国安培公司于 1956 年研制成功。因为体积大、分量重，且价格昂贵，因此，仅限于广播电视部门使用。直至 20 世纪 70 年代，1 英寸磁带出现后才被淘汰。

2. 1 英寸磁带

1 英寸磁带的录像机在体积、重量、功耗等方面都优于 2 英寸的录像机，但还是使用开盘式录像带，因此，仍然比较笨重，且操作也复杂。

3. 3/4 英寸磁带

3/4 英寸的磁带是盒式 U 型录像机使用的磁带，为 20 世纪 70 年代由索尼公司和松下公司联合研制推出。这是我国大、中城市城建档案部门在声像档案工作起步阶段普遍使用的，有低带和高带之分。

4. 大 1/2 英寸带

磁带宽度为 12.65mm，以 VHS 为代表，主要以家庭使用为主，也是社会普及面最广的磁带之一。档案部门早期接收和使用的磁带多为这一类。

5. 8mm 磁带

是 20 世纪 80 年代推出的一种更加小型的一体式家用摄像机和录像机使用的磁带，带宽 8mm，它的磁带盒与卡式录音盒带相似，是一种带速低、记录密度高的金属带。由于小巧方便，价格便宜，因此，成为部分城建档案部门声像工作起步时的首选。

6. 1/2 英寸金属磁带

这类磁带主要有模拟分量的 Betacam SP 和数字格式的 Betacam SXO，前者价格适中，被广泛应用于广播电视、电教以及城建档案部门。后者价格昂贵，被广播电视界认为是目前最优秀的广播级产品之一。

7. DV 带

DV 是 Digital Vide 的缩写，即"数字视频"的意思，为目前比较流行的一种数码视频格式的录像磁带。DV 格式目前常见的有 MiniDV 格式、HDV 格式和 AVCHD 格式等。MiniDV 格式就是人们通常说的 DV 机拍摄的格式，其特点是磁带体积较小，性能高，理论上的水平解析度可达到 500 线。HDV 格式是在 DV 格式上发展而来的，使用 DV 带记录的视频清晰度可以达到 1920×1440 的高清标准。AVCHD 格式是目前最先进的民用高清格式。与 HDV 相比，它采用了更高级的压缩算法，从而实现了更高的画面质量。用 DV 格式记录的视频信号，其最大的优点是可以无数次地转录，图像质量基本不受影响，因此，为档案部门录像档案的多次复制和长期保存解决难题。

（五）从录像档案信息记录的介质来划分

1. 磁带式

产生年代久远，是技术最为成熟的磁记录介质，从存储容量来看，成本相对较低，还可以重复使用。磁带的可靠性高，图像质量好，画面的单帧数据最为完整。其缺点是信号采集比较费时，磁带在运行时与磁头接触，会造成一定的机械磨损，且保存时间有限，因此，只能通过不断转录的方式来延长其寿命。

2. 光盘式

存储介质一般采用 DVD-R、DVR+R，或是 DVD-RW、DVD+RW 来存储动态视频图像，操作简单、携带方便，拍摄中不用担心重叠拍摄，更不用浪费时间去倒带或回放，尤其是可以直接通过 DVD 播放器即刻播放，省去了后期编辑的麻烦。DVD 介质是目前所有的介质中安全性、稳定性比较好的存储介质之一，数据存取速度快，信号的定位式读取比较方便，但光盘品质的优劣直接影响存储介质的耐久性。

3. 硬盘式

存储容量大，信号读取方便，只要用一根 USB 连接线与电脑连接，就可以轻松传输录像信号，但硬盘一旦出问题，存储的数据将会受到严重影响，甚至造成无法挽回的损失。所以，必须及时做好数据的安全备份，以防万一。

4. 存储卡式

存储卡也称闪存卡，它是利用闪存技术实现存储电子信息的存储器，如 SD 存储卡、Memory Stick 记忆棒等，都属于新型的迷你存储介质。SD 卡是一种基于半导体快闪记忆器的新一代记忆设备。体积仅为 24mm×32mm×2.1mm，重量也只有 2g，但它却拥有无须额外电源支持的高记忆容量、快速的数据传输率、极大的移动灵活性和很好的安全性，而且是一体化固体介质，没有任何移动部分，因此，不必担心机械运动的损坏。

Memory Stick 记忆棒，体积为 50mm × 21.5mm × 2.8mm，重量只有 4g，也是一种比较理想的存储介质。由于闪存卡与传统的存储介质相比具有非常突出的优异性，因此具有良好的发展潜力。

二、城建录像档案的特点

城建录像档案除了和城建照片档案一样，具有形象直观、客观真实的共同点之外，还有其自身的特点，概括起来主要有以下六个方面：

（一）原始记录性强

档案的基本属性在录像中能得到很好的体现。由于录像档案是当时使用专门摄录设备直接拍摄记录而来的，能记录完整的过程、段落和细节，在动态中使各种原始信息都能如实地被锁定保存在录像载体中，因此，具有高度的原始记录性。

（二）时间、空间感强

录像档案是以可视的动态画面和同步的音响效果为记录特征，把转瞬即逝的场景原原本本地摄录下来，在回放录像时，又能如实地呈现当初的真实场面，重现当时的情景，让人有身临其境的感受。一段活灵活现的录像，也许会让你时空错置，仿佛把你带进了那个场合，回归到那个年代，宛若时光的倒流，在情景交融中给人跨时空的感受，从而勾起人们的历史情怀，增进对往事的认识和记忆。

（三）系统表达性强

照片是以张为单位的静止画面来反映问题的，是变化中的事物特定的瞬间形态。而录像的画面则是动态的、连贯的，甚至可以在一定的时间，把事物变化的整个过程，包括当时的声音都毫无遗漏地连续不断地记录下来。因此，录像档案所记录的图像、声音信息是具有连续性的，更能系统地揭示事物的来龙去脉，也能更全面地说明问题。

（四）作品感染力强

图像在视觉上对人的感官刺激比文字更强，而录像档案既有声音，又有图形，声图结合，互相补充，它同时对人的听觉、视觉神经产生作用，从而使利用者更容易理解和接受其中的信息，也更容易打动人。一段声情并茂的录像往往能给人留下深刻的印象，甚至让人终生难忘。

（五）不易修改作假

在一般情况下，由于录像画面不像照片容易被移花接木、改头换面，尤其是未经编辑处理的原始录像素材，还含有与环境一致或口形一致的现场同期声，因此，相对来说，录像档案更为真实可信，它一旦形成，即为历史的真凭实据。

（六）易复制，原件与复制件难以区分

录像制品很容易复制，而且难以区分原件与复制件。

三、城建录像档案的摄制

城建录像档案的摄制方式多种多样，声像档案工作人员应该根据录像档案摄录的实际需要，选择合适的方法进行摄录。

（一）常用的摄制方法

1.抢救性摄录

抢救性摄录主要是针对在快速推进的城市化进程中，即将被拆除或者已经被列入改造项目的，具有一定历史年代的道路、桥梁、街区、民居以及其他具有鲜明时代特征的各种建筑、构筑物等，进行抢拍，为其留存最后的影像档案。抢救性摄录首先要掌握信息，把握时机，提前动手，历史原貌一旦消失便无法复得。因此，城建档案部门一定要有超前意识，主动与有关单位沟通交流，获得信息后，应当马上制定摄录方案，立即开始行动，而且要赶在尚未动迁之前。这样由于时间上相对从容，景物也处于常态之中，摄录时能够把握得更加周详，录制的效果也比较自然和谐。其次，摄录时还要注意不同镜别的组合兼顾。既要运用远景、全景在空间上把待拆迁改造的范围、地段的场面性景象摄录下来，又要结合中镜、近镜甚至特写、大特写的运用，把一些具有历史研究价值的，特殊的细节部位都摄录保存下来。因此，抢救性摄录一定要全面、系统、多方位、多角度，并坚持宁多勿少、宁细勿粗的原则，把城市的历史旧貌完整、真实地记录在案。

2.跟踪性摄录

跟踪性摄录主要针对某一建设项目从开工到竣工的全过程，根据实际需要，有所侧重地、阶段性、间隔性地进行系统的拍摄记录。跟踪摄录的对象一般为在当地具有一定影响的新建、改建、扩建等，投入资金比较大，具有相当规模的道路、桥梁、建筑等工程。跟踪摄录比较重要的项目一般从方案论证、地块原貌开始，包括隐蔽工程在内的各个重要环节、部位、过程，施工工艺以及阶段性变化等，定期定点详细进行摄录，直至竣工验收交付投用。通过系统的积累，形成一套完整的录像档案。在跟踪摄录之前，首先要对工程概况进行了解，包括项目特点、资金投入、施工周期、关键技术等，做到心中有数，并制定详细的摄制方案。同时还要与建设方、施工方取得联系，在不影响施工、确保安全的前提下方能进行。每次摄录都要做好相应的文字记录，按时间顺序及时登入目录。记录载体以一事一盒为宜，尽量不要与其他内容混录在一起，以便于日后的管理与利用。

3. 专题性摄录

专题性摄录就是针对某一主题而进行的专门录制。专题性摄录涉及面比较广，内容较多，也是城建录像档案中最普通最常见的一种摄录方法。例如专门对城市道路、城市桥梁、公共交通、市容市貌、风景名胜、大型建筑，或者是重要会议、规划论证、古建筑修缮保护、城市抗洪、防震救灾、工程质量监督等，分门别类地进行专门摄录。专题性摄录的内容有简有繁，有多有少。有的可能就 1 ~ 2 分钟的镜头，有的可能比较系统、详细，完全根据被摄录对象的性质、规模以及录制价值、意义等因素综合考虑决定。但总的要求是录制内容要有典型性、代表性。不求录制时间的长与多，只求画面质量的好与精。因此，专题性摄录是档案录制中最讲求技术手法的一种。尤其是在色彩的平衡、镜别的运用、角度的选择、光线的处理、画面的稳定性以及构图等方面，都要用专业水准的要求来对待。

4. 佐证性摄录

佐证性摄录是专门为提供凭证依据而进行的特定内容的摄录。由于录像档案具有无可置疑的原始凭证性。因此，能为文字材料提供更直接和更有信服力的证据材料。对于这一类内容的摄录，首先要了解清楚其本意和目的，才能针对问题抓住要点。其次是考虑如何充分体现凭据的表现力度。例如，对城建工程项目的创优评选、新材料新工艺的应用、工程质量问题的分析、事故灾情的处理，甚至涉及法律纠纷等等，针对内容有的放矢地进行摄录。

5. 对比性摄录

对比性摄录主要是在同一空间的不同时间内，专门针对城市的某一景貌或某一主体场景进行摄录，从中体现事物的变化和差异。城市建设的快速发展使城市面貌日新月异，可谓"一年一个样，三年大变样"。为了记录发展变化中的城市，我们可以选取合适的地理位置，采用同一地点，同一角度，不同的时间，或一年，或三年，为同一对象拍摄记录。通过相当时间的累积，便能形成对比强烈、反差鲜明的影像档案，使城市发展过程中的不同面貌清晰地留存在档案载体中。日后无论是宣传城市，还是提供给后人研究城市，都是极其珍贵的历史材料，也是让后人认识城市历史的生动教材。因此，做好对比性摄录是一件很有意义的声像档案工作，需要我们平时注意观察，持续不断地去积累。

（二）城建录像档案的摄录要点

1. 保持画面的稳定性和内容的连贯性

画面的稳定性是录像拍摄中最基本的要素，对初学者来说尤其要注意。录像拍摄的是连续的动态画面，如果摄像机没有持稳，那么拍出的画面必定是动中加动，晃晃悠悠，给人飘忽不定的感觉，不但影响观看效果，严重的还会影响到被拍物体的清晰度。虽然摇晃拍摄也是一种表现风格，但这是某种特定含义下的奇特表达手法。一般情况下，横平竖直的构图和四平八稳的画面更符合人的自然视觉规律，也是录像档案的基本要求。要保持平直稳定的画面，除了声像工作人员的拍摄姿势要准确，练就的功夫要过硬外，使用三脚架将摄像机固定是最好的办法，它对所摄画面的稳定性具有很大的帮助。利用三脚架上的水平仪，还能够很方便地将镜头锁定在水平状态，不用再担心画面倾斜不稳。当然，录像画面的"动"是不可避免的，保持画面稳定并非排除镜头的移动变换，如在处理"推、拉、摇、移、跟、退"这些摄像基本手法时，一定要有明确的目的性，要根据实际需要恰如其分地掌握运用，切忌过多地、毫无意义地乱推乱拉，晃来晃去，无论是移摄还是摇摄，都要让镜头保持在平稳的轨迹中匀速进行。而且，任何镜头的起幅和落幅，都应该保持有足够时间的稳定画面，然后再进行"开始"或"结束"的操作，尤其要兼顾录像的内容情节和画面（语音）的相对完整，不要该停机时没停，不该停机时却停机，以免造成部分画面的残缺或内容信息的不完整。

2. 注意色温变化，及时调整白平衡

色温是测量和标志波长的数值，是彩色摄影、录像中影响色彩的一项重要指标，与画面效果有很大的关系。由于光的波长不同，所呈现出的颜色也不同，色温高的呈蓝色，色温低的呈红色。从日出到日落，一天之中的色温也在不断变化之中。所以，光源的色温在彩色摄影、录像中对色彩的还原具有重要影响。如果在摄录时，没有对现场的光源色温做平衡调整，那么，录制出的画面有可能偏红或者偏蓝，这样就会失去原有色彩的真实感，因此，为了保证图像色彩的质量，在录像前进行色温调整是必须的。由于自动色温的调节精度不是很精确，当录制内容要求高、现场光源较为复杂时，还是建议尽量用手动方式对色温的平衡进行调整。

3. 精确对焦，确保画面的清晰度

对焦的正确与否直接影响画面的清晰度。由于拍摄录像时，尤其是摄录动态图像时，摄像机的镜头与被摄物之间的距离是不断变动的，如果超出景深范围，就会导致图像不够清晰，甚至模糊。为了确保图像质量，就必须不断调整镜头的焦距位置，以确保被摄体始终处在景深范围内。在实际工作中，虽然可以利用自动对焦功能，但是，对于一些环境复杂的场景，自动对焦也会失灵，甚至在拍摄时焦点漂移。而手动对焦就不易受环境干扰。因此，对于没有自动对焦功能的摄像机，或者是特殊需要必须手动对焦的，为了提高对焦精度，可以将变焦杆推到目标景物的最大化位置进行对焦，或按住摄像机上的自动变焦按钮"T"，因为这时的目标景物在取景器内放得最大，很容易看清焦距的虚与实，通过观察取景器内图像的清晰度，直至满意后，再将变焦杆退回到刚才构图的景别上。由于焦点在变焦过程中一般不会发生变动，因此，利用变焦方法更有助于我们精细对焦。

4. 准确构图，合理布局画面

构图实际就是指画面的布局与构成，是反映画面内容的重要形式。其意义就在于有选择地组织好各种画面的构成要素，以最佳的视觉效果来反映主题信息。画面的构成要素主要包括线条、形状、光线、色彩、质感、立体感和运动等方面。通过这些要素的相互作用和影响，从而使录像画面能更好地显现出事物的本质特性。录像画面的结构一般包括主体、陪体、前景、背景、空白等内容。构图处理得如何，完全取决于画面主体表现得是否成功，以及主体与陪体、前景、背景、空白等关系处理是否恰当。因此，对构图的总体要求是：突出主体形象，明确表达主题；画面简练明快，忌讳繁杂琐碎；布局均衡，比例协调；画面紧凑，视觉舒畅；横平竖直，重心平稳；灵活运用，不落俗套。

5. 注意景别变换，丰富画面内容

景别是指由于摄像机与被摄景物的距离不同而造成被摄景物在画面中所呈现出的范围大小的区别。景别一般分为远景、全景、中景、近景、特写等五种类型。远景一般就是将摄像机镜头拉到最大位置，即取景达到摄像机所能取得的最大范围，一般在表现宏大场面时使用，给人气势磅礴、规模宏大的感觉。全景主要是展现景物的全貌。例如拍摄一幢大楼的全景时，应将建筑的一层到顶层全部纳入镜头里，让人看到完整的建筑面貌。中景是指取景物的某一主要部位，或基本可以代表全部的部分，对拍摄人物而言，相当于我们通常所说的半身照，但必须注意的是，拍摄人物中景时，切忌在人的关节比如膝盖、腰部截图。近景一般是着力刻画细节的时候所使用的表现手法，比如专拍人物的面部表情。特写就是进一步的刻画，在拍摄景物局部特征时使用。如拍摄古建筑上的彩绘、雕刻工艺以及特小的物体时就必须用特写的手法。总之，景别的运用应该根据被摄景物所要表达的主题来选择。

6. 注意室内外的温差变化，防止设备"结露"

摄像和录像设备是精密仪器，应该在合适的温湿度环境中使用。但有时也无法避免，这里特别要强调的是，当机器从一个寒冷的地方拿到一个比较暖和的地方时，或者机器工作场所的湿度超过一定的值时，镜头的镜片表面以及录像机磁鼓等部位就会凝结微小的水珠，形成雾状的水汽，这种现象称为"结露"。如果此时马上开机工作，磁带就会贴在磁鼓上。由于磁带和磁头之间的运动速度相对较高，这就很容易损伤磁头和磁带，同时还可能造成机器故障。有的摄像机检测到发生结露后，会报警并出现报警显示，同时摄像机除了出仓外的所有记录重放操作将被禁止，最终机器将自动断电。因此，当机器已经发生结露报警，应立即停止使用，打开带仓，取出磁带，将摄像机放置一段时间，直至报警消失后再使用。防止结露的办法是，当机器从低温处移到高温的地方时，需用塑料袋将摄像机包好，直至摄像机温度回升至室内温度时再使用。夏季，当摄像机从空调室里取出，拿到没有空调的高温地方时，同样也要注意温差的变化，防止结露。

7. 拍摄前必须充分做好各项准备工作

凡事预则立，不预则废。拍摄前预先做好一些必要的准备，可以避免在实际工作中遇到各种措手不及的问题。准备工作主要有两个方面：首先是思想准备，即拍摄计划的准备。例如，对拍摄的大致内容、要求、时间以及场地情况、光线照明等心中有数。即使应对突发事件，也要尽量掌握一些必要的信息，避免仓促上阵。其次是设备准备。例如，要检查机器设备是否运行正常；镜头、磁鼓等容易积污的部位是否需要擦拭清洗；电池的电量情况、磁带以及必要的附件都要有足够的准备。因此，只有准备工作做充分了，工作时才能得心应手，临场不乱。

城建录像档案的摄录是一项专业性强、技术要求高的工作。尽管现在的机器都带有自动功能，但是，过于依赖机器的自动功能也不利于业务水平的提高，相反，合理使用手动功能更有利于技术水平的提高，从而制做出更多高质量的作品。因此，声像档案工作人员在掌握基本技术的同时，还应该多学习有关摄影、摄像和录像方面的技术知识，多参看一些相关的书籍，虚心学习，大胆实践，不断积累经验，以便在实际工作中能更好地运用。

四、城建录像档案的管理

（一）城建录像档案的收集方法

收集是档案工作的基础，是档案管理的起点。它直接关系到档案的质量和数量。因此，要做好城建录像档案的管理，首先要从收集入手。目前，城建录像档案的收集主要有以下三种方法：

1. 城建档案馆自主摄录

城建档案馆直接进行城建录像的拍摄，是当前各地城建档案馆比较普遍的做法。自20世纪80年代开始，我国的城乡建设进入新的发展阶段，城建档案工作也随着社会的需要逐步发展起来。不少城建档案馆在成立初期就购置了摄录器材，配备了专门的声像档案人员，对城乡建设的新旧面貌系统进行拍摄，积累了一大批珍贵的城建影像档案，为丰富馆藏门类、拓宽档案内容付出了很大的努力，并在实际利用中取得了显著成效。城建档案馆自主摄录具有以下有利条件：

（1）人才技术优势

声像档案工作是一项技术性、专业性很强的工作。由于声像档案工作的重要性，在人员的配置上都是从综合业务素质比较好、热爱声像工作、钻研业务、有敬业精神、能吃苦耐劳的人员中选取。经过不断学习和实践，他们的业务技术都相当专业，为录制出优质的声像档案奠定了良好的基础。

（2）设备条件优势

作为一件有保存价值的声像档案，对其本身的质量要求应该是没有上限的。因此，用来制作声像档案的设备器材也是一个重要因素。为了获取良好的制作效果，城建档案馆购置的摄录器材一般都在财力允许的情况下，尽量往高端靠，有的甚至达到了准专业或专业级别。因此，城建档案馆的设备器材条件相对而言占有一定的优势。

（3）信息来源优势

城建录像档案的拍摄收集需要及时掌握信息，这样才能不失时机地进行摄录。而城建档案馆在建设行政主管部门的直接领导下，与建设、施工等单位联系比较密切，信息渠道畅通，一旦有重要的城建活动，城建档案馆总能在第一时间内获得信息，及时到场参与声像档案的摄录。因此，信息优势也是城建档案馆拍摄收集声像档案的重要条件。

综上所述，城建档案馆自主拍摄城建录像是比较现实的，也是行之有效的。城建档案工作本身服务于城市建设，涵盖面广，专业性强。所以，在城建录像的摄制中，城建档案馆更能从城建档案专业角度考虑，突出重点，抓住关键，从而形成内涵丰富，信息全面，音、视频技术指标较高的城建录像档案。

2. 接收建设施工单位移交的录像档案材料

在工程建设活动中直接形成的具有归档保存价值的文字、图表、声像等各种形式的历史记录，都应作为建设工程档案进行归档。因此，建设施工单位在向城建档案馆移交建设工程档案时，应该同时移交包括声像档案材料在内的全套档案。为了确保所移交录像档案的技术质量，城建档案机构要加强对产生录像单位的业务指导，或举办摄像录像技术培训班，帮助他们掌握有关技术，提高实际操作水平。

3. 主动向有关部门征集

有城建录像、录音方面材料的单位一般为电视台、电台以及宣传部门。尤其是电视台，平时拍摄城建方面录像的机会比较多，城建报道本属"热点"题材，因此，不乏值得城建档案馆征集收藏的内容。城建档案馆应该主动上门，积极协商，定期向电视台征集具有保存价值的城建录像材料，并把这种定向征集作为一种长期的合作方式。录像档案的征集一般以复制的方式获取，由于原件（母带）与一代复制件在技术指标上差别不是很大，只要画面清晰，音响正常，将复制件作为档案保存也是可以接受的。

（二）城建录像档案的检验

检验是录像档案归档前的必要环节，也是为了确保录像档案的内在质量以及日后的正常利用，尤其对接收移交、征集的城建录像档案，必须进行检验，只有符合要求的才能签收。城建档案机构应该备有相应的设备，如果规格比较特殊，应在尽量保证信号质量的前提下，转换成常规格式后再接收。检验录像档案首先要对其外观进行判断，如外盒是否有裂痕，是否有机械变形、划痕、霉斑、粘结、污染等情况。然后检查上机运行是否流畅，有无其他异常响声和跳帧、卡停等现象。接着检查图像是否清晰、偏色、失真、畸形，段落是否完整，画面是否稳定，音响是否正常，录像中所反映的内容是否与文字目录一致，登记的各项信息是否详细完备。

（三）城建录像档案的分类与编目

1. 分类

对收集来的城建录像档案，首先要按载体介质的不同，将磁带、磁盘、光盘等分开。

磁带录像档案是最常见的、使用最为普遍，也是规格最多最杂的一种。自 1956 年世界上第一台磁带录像机研制成功以来，录像技术的发展大体上经历了横向扫描开盘式磁带录像机技术、螺旋扫描盒式录像机技术和数字录像技术三个发展阶段，从而也形成了许多不同规格种类的录像磁带。因此，对城建录像档案进行分类时，应该根据种类、数量等方面的实际情况，按录像带的格式、尺寸、内容、年代或重要程度等进行分类整理。

2. 整理编目

录像档案的排架、分类、登记与编号等应保持一致，以便使用与保管。

录像档案数量不多、内容比较单一时无须分类，只建立总登记目录即可。总登记簿可以按照接收时间次序逐一登记入册。如果录像档案数量比较多，已分类整理，可按分类情况建立分类登记目录。目录中的登记项目包括：分类号、编号、录制日期、内容、时间长度、责任者、录制单位、录制地点、技术状况、归档时间、备注等。按照归档的先后次序，在分类号后面再加上流水号即可。录像档案一般以盒（或盘）为一个保管单位，如果有若干盒内容相同的录像档案，应该统一编号后再编分号。

录像档案一般装在特制的盒内或套内，在盒套外面要贴上标签，标签上要写明录像主题内容（题目）、盒数以及编号、时间长度、起止时间。盒套内要有内目录。

录像档案的著录项目应包括档号、题名、责任者、录制时间、长度、地点、磁带编号、磁带规格、密级、保管期限、档案馆代号、主题词或关键词等。

（四）城建录像档案的使用与保管

目前，城建录像档案一般以磁带为主，由于其载体材料的成分比较复杂，片基脆弱易断，易霉、易污损，磁粉涂层容易从片基上剥落，使磁层微粒变得不稳定，从而导致信息质量逐渐下降，甚至丢失。因此，城建录像档案的合理使用和科学保管对于发挥档案的作用、延长档案的使用寿命有着至关重要的意义。对此，我们在平时的使用和保管中应该特别注意以下要求：

（1）录像档案原件（母带）作为保存件不得外借，提供利用一般为复制件。而且必须在性能良好的专门机器上阅读或采集信息。

（2）录像档案从库房取出使用时，要注意温湿度变化不宜太大，如有必要应该在过渡房中放置一段时间后再取出使用。搬运录像档案要小心谨慎，严防剧烈震动、撞击或跌落、翻滚。

（3）录像档案的使用环境要远离磁场源，不得接近变压器、马达、永久磁铁、磁化杯、磁铁图钉等一切带有磁性的物品。

（4）录像档案的使用环境要保持清洁、干燥。录像档案只有在使用时方能从保护包装盒中取出，使用后应立即放回。接触录像档案应戴洁净的手套，更不能用手指触摸录像档案载体。

（5）录像档案应存放在保护性良好的塑料盒内，并且密闭性要好。不宜用含有氯化物的 PVC 塑料盒存放录像档案。

（6）录像档案应该贮存在密闭的有磁屏蔽的容器中，有条件的应该设置测磁设备。

（7）库房要长期保持清洁。环境温度应控制在 15～27℃，相对湿度控制在 40%～60%，在 24 小时内温度变化不得超过 3℃，相对湿度变化不得超过 5%。最佳环境温度为 18℃、相对湿度为 40%。

（8）录像档案应该有专业人员进行定期检查，发现问题应立即采取措施。为了使档案载体上的信息能长期保存，城建档案部门应该及时进行复制或数据迁移。机读设备应该由专人负责，定期进行保养，发现有磁粉脱落时，必须采用专用清洗溶剂立即对整个系统进行清洗。

（9）为了释放磁带内部的压力，一般每3年应进行一次倒带，倒带速度不宜过快，张力要恒定，保持在1.7 ~ 2.2牛顿，以免损伤磁带。倒带环境要保持清洁，并按要求严格掌控好温湿度。

（10）在播放中的录像档案如要停止播放时，不管停止的时间有多长，应尽量避免使用"暂停"功能，以减少对磁带的磨损。

（11）使用后的录像档案在放回原处前一定要仔细检查，防止受污染的档案直接放入库房。

（五）城建录像档案的保护性复制与安全转录

作为档案保存的录像载体始终让人们存在两大担忧：一是载体材料的不耐久性；二是更新换代快，旧版信息的可用性随时面临着挑战。因此，为了解决上述问题，档案管理部门必须采用定期复制或安全转录的方法来保证信息的长久保存和有效使用。

1. 定期复制

定期复制就是采用相对稳定或更好的载体材料，将原信息通过多代复制来维持、延长载体信息的保存期。一般来说，正常保存的录像磁带应每隔8 ~ 10年复制一次。也可以根据单位的保管条件等实际情况，自定复制周期。但要注意，周期并非越短越好，因为复制会在一定程度上造成信号质量的下降，尤其是模拟信号的磁带，而数字信号在这方面则具有明显的优势。

2. 安全转录

由于录像载体信息需要一定的配套设备才能正常读取，信息载体与机读设备二者相互依存，缺一不可，就如不同规格的磁带需要不同规格的录像机才能播放其中的内容，因此，二者之间只要一方淘汰必将影响到另一方的正常使用。这就是安全转录的必要性。转录一般为向上式发展，即高级设备替代低级设备，更新型的载体替代旧的或落后的载体。档案管理部门在转录的技术方式以及载体替代材料的选择上应该根据档案的性质特点，以相对长久稳定、安全可靠为先，合理选择、灵活运用。

第三节 城建录音档案

一、城建录音档案的形成及种类

（一）城建录音档案的形成

城建录音档案是指在城建活动中，具有保存价值的重要新闻、报告、评论、访谈等以语音信息为主，采用声频技术将其录制保存在特殊载体上，并可以重复还原播放的历史声频记录。所谓声频技术其实就是声音的加工处理技术，它是采用录音设备，在录制过程中，将声音信号经传声器转换成电信号，重放声音时，再将电信号放大转换成推动扬声器发出的声音信号的专门技术。

（二）城建录音档案的种类

1. 按载体形式分

（1）磁带录音档案

磁带录音档案是比较常见的录音档案之一，它是将声音信号记录在涂有磁粉的带基上（磁带），磁带放音是通过磁带放音机或磁带录音机，把声音重新还原播放出来。磁性录音载体材料有钢丝带、胶带、塑料带、纸带等。

（2）唱片录音档案

唱片是薄形圆盘状的金属或塑料制品，盘面上有细密的圆形沟槽，俗称声槽，用于存储声音，播放时可以用唱片机将声音还原重放出来。唱片按其制成原理的不同分为机械唱片和激光唱片；按其制成材料的不同可以分为金属唱片和塑料唱片。

（3）数码录音电子档案

所谓数码录音，就是采用现代数字技术的录音方法，通过对模拟信号的采样、编码将模拟信号通过数模转换器转换为数字信号，并经过一定的压缩后存入 CF、SM 等存储卡。数码录音电子档案就是采用数码录音器材录制形成的电子音频文件。由于数码录音采用的是非机械式的电子结构，因此具有无磨损、轻便耐用、录音时间长、信息读取及传送方便、安全可靠等特点。而且数字信号即使经过多次复制，声音信息也不会受到损失，能保持原有的音质。

2. 按录音内容分

（1）新闻录音

新闻录音主要是指新闻广电部门对城乡建设活动中的一些重要新闻、事件进行现场报道的录音。

（2）报告录音

报告录音是指在城乡规划、建设、管理活动的重要会议上，有关领导所作的工作报告或重要讲话的录音。

（3）评论录音

评论录音是指在城乡建设活动中，有关人员对某项决策、方案、事件等发表的具有指导、参考价值的个人评述性意见的讲话录音。

（4）访谈录音

访谈录音主要是指对特定对象进行城建专题采访时所录制的重要谈话录音，包括口述档案录音。

3. 按记录方式分

（1）机械式记录

机械式记录，是把声波振动的轨迹用机械方法刻在特定载体上的记录方式。

（2）磁记录

磁记录方式是目前广播、电视和音像制作部门普遍使用的录音记录方式。由于磁记录设备使用方便，重放时音质还原好，操作简单，因此很容易普及。

（3）光记录

光记录方式是随着数字音频技术的发展而产生的一种新的音频记录方式。如 CD、CD-R、CD-RW 以及硬磁盘等。

二、城建录音档案的录制

录音是一项综合性的技术工作。它要求录音人员具有一定的电声技术知识以及实际操作能力。如了解录音的声学特性，传声器、调音台、录音机、扬声器以及声音处理器等多种录音设备的基本原理与功能，并能在实际录音中合理应用。城建录音档案录制的内容一般以语言类为主。语言类录音是指以语音为声源的拾音，如新闻报道、会议、访谈等。语言录音对清晰度的要求比较高，也是录音档案的基本要求。在录音中，影响语言清晰度的因素有很多，有录音环境方面的，也有设备技术方面的。因此，录音时应该根据实际情况，分别采取相应的措施，以获取较好的录音效果。

（一）影响语言录音清晰度的环境因素

1.混响与混响时间

混响是声音反射形成的一种自然现象，是室内录音中不可回避的问题。由于声音在房间中受界面不断反射累积后，其声源会在一定程度上发生变化，从而产生所谓的混响效果。描述混响效果的指标是混响时间，以"s"为单位，合适的混响时间能够起到修饰音色的作用，如音乐厅、剧场等，需要较长的混响时间，使乐曲更加舒缓悦耳；对于语言使用的空间，如电影院、教室、礼堂、录音室等必须减少混响时间，使语音更加清晰。通常语言演播室的混响时间在 0.5s 左右。由此可见，室内空间的声学特性对混响效果具有直接影响，从而也决定了语言录音的清晰度。因此，控制合适的混响时间是保证语言录音清晰度的重要因素。

2.噪声

噪声也是影响语言录音清晰度的一个重要因素。由于城建录音档案一般是在非专业场所录制的，而这些非专业场所的声场条件相对比较差，没有或者也不可能采取隔音措施，即便是在门窗关闭的室内，也无法避免外界环境噪声的干扰，从而影响语言录音的效果。因此，要在一个非专业场所录制出清晰的语言录音，除了尽量控制现场噪声外，选择合适的传声设备，抑制噪声的摄取量，用提升信噪比的办法来改善语言的清晰度也是很关键的。

（二）传声器的选择和使用

传声器俗称话筒，是录音中的拾音部件，其质量的优劣和使用是否得当与声音的传送质量有着密切的关系，是录音系统中的第一个重要环节。从工作原理来说，传声器其实是个声电换能器，它将声音信号转换成相应的电信号。传声器的种类很多，它们都有各自的功能和特点，在语言录音时应该根据被录音人的发声条件、录音环境以及其他特殊要求，有选择性地使用。

1. 语言录音的传声器

语言录音可选择动圈或电容式传声器，但也可以根据实际情况选用其他类型的传声器。动圈式传声器的优点是中频比较突出，传声清晰，坚固耐用，而且阻抗较低，可以使用很长的传声器线。缺点是灵敏度较低。电容式传声器的幅频特性好，灵敏度高，失真小，瞬态响应好，一般在高质量语言节目录音时使用。

2. 不同指向性传声器的比较与选择

传声器接收声波的特性可以分为无指向性、双指向性和单指向性（心形指向性）。无指向性传声器较指向性传声器能拾取到更多的空间环境声音，容易产生混响效果。相反，如果要减少空间环境声音，避免因空间造成的声音浑浊或因空间声学缺陷带来的声染色，强调获得清晰、干净的声音，那么应该选择指向性的传声器。因此，在实际应用中为了防止在室内空间录音时产生混响，或者避免环境噪声的录入，应该选用单指向性传声器或强指向性传声器进行语言录音，这样拾取的声音主要是直达声和较少的反射声，有利于减少环境声音的干扰，使拾取的声音比较清晰、自然、明亮。

3. 传声器的摆放技巧

一般情况下，录制单一声源时，只用一支单方向传声器即可。拾音距离大约在 20 ～ 30cm。如果录音环境的混响时间较长，可以将距离拉近些，反之则稍远些。这样有利于加强直达声，减小声染色的干扰。另外还要注意拾音距离与传声器的指向性有直接关系，采用无指向性传声器时，拾音距离可以近些，心形指向性传声器可比无指向性传声器的拾音距离远 1.5 倍。如果两人共用一支传声器，则两人都必须对准传声器的有效拾音区，否则拾音质量将会受到很大的影响。同时，还要根据两人的声音特点和强弱，适当地分别调整两个人与传声器的距离，以求达到两人声音的和谐与音量平衡。另外，采用单支传声器拾音，较易确定拾音位置，调节操作也较简单，但只适合小规模的录音场合。如果参加录音的人数较多，就要采用多支传声器录音。多支传声器拾音适合两人以上的对话或座谈会，传声器之间的距离不要太近，以防止声波干扰。各路传声器拾取的信号应经过调音台进行音质、音量和均衡的调整，同时还要注意各路传声器之间声音的平衡。通常情况下，用多支传声器拾音时，应采用"主传声器"的方式，另外再在一些声部前面放置一些近距离传声器辅助拾音。调音时，应使主传声器的声音达到60% ~ 70%，然后再适当增减其他传声器的音量，以求得各部声音的平衡。这样的拾音既突出了主体声源，又不至于疏漏某个声源。主传声器供主持人或主要发言人使用，而辅助传声器则供采访对象或嘉宾使用。总之，为了达到较好的录音效果，传声器的摆放还应该在现场进行实际调试后，再确定最佳的摆放位置。

（三）调音台的使用

调音台又称调音控制台，它能将多路输入信号进行放大、混合、分配、音质修饰和音响效果加工，是现代电台广播、音响节目制作等系统中进行播送和录制节目的重要设备。因此，为了获得比较干净的语言信号，可以利用调音台进行高、低频的切除处理。因为语言信号的带宽是有限的，所以将频带外的无用信号切除掉有利于提高信噪比。同时，还可以通过对频率成分与混响时间的调整，对语音的丰满度、厚薄感和圆润度，以及明显的齿音和鼻音进行适当的修饰，使录制的语音更加悦耳动听。

（四）录音前的准备工作

由于录音档案一般都是现场同期录音，因此，在录音中无论发生什么情况，录音是不能停下来重录的，尤其是会议讲话录音，必须一次成功，不能失败。因此，对录音人员来说必须提前做好周密的计划，对在录音中可能出现的问题预先做好应对的准备，并对所用的录音设备认真进行检查、调试，使其处于良好的工作状态，确保录音工作正常有序地进行。

三、城建录音档案的管理

（一）城建录音档案的归档

归档的城建录音档案是在城建活动中直接形成的、具有一定保存利用价值的历史记录。一般完整的、相对独立的记录某一事件的录音载体为一个保管单位，单独装在专用防护盒（套）内。每个保管单位内必须装有卡片目录登记表。登记表的内容包括：录制日期、单位、姓名、地点、内容、开始语、结束语、内容时间、录制方式、载体情况、技术质量、录音人员、检查人、审听意见等。

对城建录音档案进行归档时必须将与录音内容一致的文字材料一起归档。文字材料是录音档案的重要组成部分，不可将录音材料和文字材料分离。

对于没有文字材料的，可以根据录音的实际内容重新进行整理，形成录音整理稿。

（二）城建录音档案的验收

验收是对移交接收的录音档案进行检验的必要环节，主要包括核对录音档案登记表所填写的内容是否符合要求，查听录音档案的实际内容和播放时的音响效果等。登记表填写的内容要尽量齐全，字迹清楚。听音前必须对录音载体情况进行相关要求的检查，播放录音档案应该在环境安静的地方进行，避免各种干扰。听音的同时要一起查对文字材料。经过上述程序，符合要求的才可以签收。档案部门应该设立专门的听音室，配备监听级的音响设备，确保听音验收工作的质量和效果。

（三）城建录音档案的整理

1. 分类

分类是整理录音档案的首要工作。在一般情况下，可以将不同规格或载体的录音档案进行分类，如盘式录音磁带、盒式录音、模拟唱片、激光CD片等。

录音磁带是比较常见的载体，早期的录音一般都以磁带为载体，但是磁带的存贮时间有限，而且必须有相应的播放设备才能正常读取信号，所以一旦播放设备老旧、淘汰，都将影响对磁带录音档案的利用。因此，档案部门应该多方面考虑，必要时定期进行拷贝复制，或将模拟信号转换成数字信号刻录到光盘中保存，以便利用时的正常播放和长期保存。对于录音档案数量比较多的，也可以按年度或内容进行分类。随着数码录音技术的发展，数码录音电子档案将逐步取代传统的磁带录音档案，因此，也可以参考电子文件的形式进行分类。不论怎样，分类方法必须保持前后一致，并相对稳定，不要随意变动。

2. 编目

城建档案部门对接收保管的录音档案，应该及时登记入册。一般来说，城建录音档案的数量都比较有限，因此，只要按接收的时间顺序进行流水编号，记入总登记册即可。如果数量多，内容复杂并已做分类整理的，可以按分类情况记入分类登记目录。目录内容包括以下项目：编号、移交（接收）日期、录音日期、内容、录制单位或个人、录音地点、录制方式、技术状况、数量、备注等。

（四）城建录音档案的安全保护

磁带录音档案的保管要求和磁带录像档案基本相同。

（1）控制好温湿度。保存磁性载体档案的库房温度应控制在17~20℃，相对湿度应控制在35%~45%，而且必须保持相对恒定。

（2）远离磁场干扰。保存磁带的库房和使用磁带的场所，必须避开30奥斯特以上的磁场，因为强磁场有可能把磁带上记录的信息抹掉。磁带最好存放在密闭的防磁柜内。

（3）防尘保洁。磁带库房必须保持清洁，使用磁带的环境要有防尘措施。对经常使用的磁带和有污损的磁带要及时进行清洗，同时，还应该定期对放音设备进行清洁。

（4）定期检查。录音磁带每两年检验并倒带一次，主要是听音质，看外观，如果发现问题，应及时采取补救措施。

（5）适时转录或安全迁移。转录和迁移都是为了录音信息能够得到长期保存和有效读取。因此，档案部门应该随着科技水平的不断提高，及时对档案载体和机读设备进行必要的更新升级。

四、城建录音档案的利用

城建录音档案记录的是有重要保存价值的语音信息，对城乡规划、建设和管理工作具有一定的参考指导作用，城建档案部门应该积极开发录音档案信息资源，为现实工作服务。利用城建录音档案可以采用以下方法：

（一）编制《城建档案录音信息汇编》

《城建档案录音信息汇编》是将馆藏录音档案整理出的文字材料分门别类地汇编成册子、方便利用者阅读的一种档案信息汇编材料。编制《城建录音档案信息汇编》时，要注意录音档案内容的安全保密问题，因此，对未开放的录音档案要持谨慎的态度，如有必要还应该征得本人同意。对内部印发的，应在封面的醒目位置注明"内部材料"，并限制阅读对象的范围或控制发行范围。

（二）编制《城建录音剪报》

所谓录音剪报，就是根据录音材料的实际内容，针对某一事项，有选择性地剪辑出具有一定参考价值的语音片段，并整理成文字材料，提供特定对象参考阅读的一种信息剪辑材料。编制录音剪报要掌握以下要点：①时效性要强。因为录音剪报一般都是有针对性的信息剪报，所以一定要讲求时效，要体现信息的及时性。②内容要准确真实。录音整理成文字材料不得出错，也不能断章取义，移花接木，要保持客观真实。③信息面要宽，尤其是不同的意见和观点都应该容纳进去。俗话说，兼听则明，偏信则暗。所以，能同时听取各方面的意见才有助于决策者做出正确的判断。

（三）引用讲话原声

录音档案的最大特点就是记录的是真人的语音原声。在编辑声像档案的专题片时，适当引用或安插一段真人讲话录音，能大大增强临场感和真实性，进一步烘托气氛，给人更直接的感受。但是，引用真人讲话录音时要注意时间段落，一般不宜太长，引用的段落要恰当，不能生搬硬套，要符合客观实际的需要，不然就会适得其反。

参考文献

[1] 邓小龙 . 网络空间安全治理 [M]. 北京：北京邮电大学出版社，2020.

[2] 贾铁军，俞小怡 . 网络安全技术及应用 [M]. 北京：机械工业出版社，2020.

[3] 张蕾 . 无线传感器网络技术与应用（第 2 版）[M]. 北京：机械工业出版社，2020.

[4] 龚俭，杨望 . 计算机网络安全导论(第 3 版)[M]. 南京：东南大学出版社，2020.

[5] 潘力 . 计算机教学与网络安全研究 [M]. 天津：天津科学技术出版社，2020.

[6] 牛少彰，童小海 . 移动互联网安全 [M]. 北京：机械工业出版社，2020.

[7] 李环 . 计算机网络 [M]. 北京：中国铁道出版社，2020.

[8] 张剑飞 . 计算机网络教程 [M]. 北京：机械工业出版社，2020.

[9] 桂学勤 . 计算机网络系统集成 [M]. 北京：中国铁道出版社，2020.

[10] 吴小钧 . 计算机网络应用基础 [M]. 西安：西安电子科技大学出版社，2020.

[11] 周璐 . 声像档案管理实务 [M]. 昆明：云南科技出版社，2020.

[12] 张杰 . 信息时代下档案管理工作创新研究 [M]. 长春：吉林大学出版社，2020.

[13] 谭萍 . 基于大数据环境下创新型档案管理与服务研究 [M]. 长春：吉林人民出版社，2020.

[14] 张瑞菊 . 物业档案管理研究 [M]. 成都：四川大学出版社，2019.

[15] 刘思洋，赵子叶 . 文书管理学与档案管理 [M]. 长春：吉林科学技术

出版社，2019.

[16] 宛钟娜，王欣 . 文书与档案管理 [M]. 成都：电子科技大学出版社，2019.

[17] 金虹 . 干部人事档案管理实务 [M]. 杭州：浙江工商大学出版社，2019.

[18] 李晓婷 . 人事档案管理实务（第 2 版）[M]. 上海：复旦大学出版社，2019.

[19] 刘祎 . 档案管理 [M]. 长春：吉林人民出版社，2018.

[20] 潘潇璇 . 档案管理理论研究 [M]. 延吉：延边大学出版社，2018.

[21] 毛雯 . 档案管理工作研究 [M]. 北京：中国原子能出版社，2018.

[22] 胡燕，王芹 . 文书档案管理基础 [M]. 北京：世界图书出版公司，2018.

[23] 张林静 . 房地产档案管理实务 [M]. 延吉：延边大学出版社，2018.

[24] 高海涛，李艳 . 档案管理与资源开发利用 [M]. 北京：北京日报出版社，2018.

[25] 赵旭 . 档案管理现状的研究与分析 [M]. 天津：天津科学技术出版社，2018.

[26] 张鑫 . 现代档案管理实例分析 [M]. 北京：科学技术文献出版社，2018.

[27] 王世吉，唐宁 . 现代档案管理理论与实践 [M]. 延吉：延边大学出版社，2018.

[28] 曾予新，郝伟斌 . 城市建设与工程项目档案管理 [M]. 北京：中国铁道出版社，2018.

[29] 丁杰 . 大数据与档案管理 [M]. 北京：九州出版社，2017.

[30] 张端，刘璐璐 . 新编档案管理实务 [M]. 成都：电子科技大学出版社，2017.

[31] 潘连根 . 文件与档案管理教程 [M]. 合肥：安徽师范大学出版社，2017.

[32] 汪春风 . 工程建设档案管理 [M]. 兰州：甘肃科学技术出版社，2017.

[33] 贾玮娜.档案管理系统的设计与实现 [M].长春：吉林文史出版社，
2017.

[34] 吴良勤，付琼芝.信息工作与档案管理（第 2 版）[M].武汉：华中科技大学出版社，2017.

[35] 卜鉴民.改制企业档案管理实践与创新 [M].苏州：苏州大学出版社，
2017.